W0325185

Regina Bühler (Hrsg.)

# Patchwork leicht gemacht

# Taschen

OZ creativ

# Liebe Leserinnen und Leser,

*Bieten Sie Ihrer Umgebung mit attraktiven Accessoires einen wirkungsvollen Auftritt. Taschen spielen dabei eine tragende Rolle und sorgen für den letzten Schliff Ihres Outfits. Mit einer selbst angefertigten Patchwork-Tasche bringen Sie dabei Ihren ganz persönlichen Stil zur Geltung. Dazu stellen wir Ihnen attraktive Modelle für jeden Anlass vor. Ob zum Shoppen, für den Strand, fürs Büro oder zum Ausgehen, in klassischen Farbkombinationen, zarten Pastellnuancen, dezenten Naturtönen und mit poppigen Leuchtfarben. Nähen Sie sich eine oder mehrere dieser fantasievollen Taschen für den eigenen Bedarf oder für eine liebe Freundin – denn Taschen kann man nie genug haben.*
*Mit den unterschiedlichen Mustern und Motiven bieten wir Ihnen einen kleinen Querschnitt in die unterschiedlichen Patchwork-Techniken, die Sie anhand unserer ausführlichen Schritt für Schritt – Anleitungen mit vielen farbigen Schemazeichnungen erlernen und nacharbeiten können. Selbst das Ausarbeiten kleiner Details wie Schlaufen, Henkel, eingesetzter und aufgesetzter Eingriffstaschen sowie das Einsetzen von Böden und Seitenteilen wird mit unseren detailgetreuen Schemazeichnungen und passgenauen Schnittteilen zum Kinderspiel.*
*Und wenn Ihnen eine Taschenform gefällt, die Farbe und Stoffauswahl jedoch nicht zu Ihrem Stil oder Ihrer Garderobe passt – schaffen Sie sich doch Ihre eigene Taschenkreation, indem Sie Stoff und Farbe nach Ihren Wünschen und Vorstellungen zusammenstellen.*

*Viel Spaß beim Nähen und Gestalten wünscht*

*Ihre* Regina Bühler

**Regina Bühler**
ist erfolgreiche Chefredakteurin der im OZ Verlag erscheinenden Handarbeitszeitschriften „Lena" und „Lena Patchwork". Mit ihrem großem Know-how in Sachen Handarbeiten begeistert sie Monat für Monat viele Leserinnen.

*Inhalt*

# Material

Es gibt für das Patchworken und Quilten einige Zubehör-Materialien, die Sie für fast alle Patchwork- und Quiltarbeiten benötigen. Hier eine Liste der entsprechenden Zubehörteile:

## 1. Der Stoff

Zuerst benötigen Sie natürlich verschiedene Stoffe. Die genauen Stoffbezeichnungen sind in den jeweiligen Anleitungen angegeben. Da einige Stoffe, besonders die in kräftigen Farben meistens etwas färben und auch etwas eingehen, sollten Sie vor dem Zuschneiden alle Stoffe, zumindest die Baumwollstoffe waschen; und zwar getrennt nach Farben (hell–dunkel). Fast alle Patchworkstoffe gibt es in einer Breite von 115 cm, einige Stoffe auch mit einer Breite von 140 oder 150 cm, die Rückseitenstoffe auch bis zu einer Breite von 240 cm. Sie sollten beim Stoffverbrauch allerdings beachten, dass Ihnen durch das Eingehen nach dem Waschen einige Zentimeter fehlen und deshalb lieber etwas mehr, als zu wenig Stoff kaufen.

## 2. Schneidewerkzeuge

Sie können die einzelnen Patchworkteile entweder mit der Schere oder, was wesentlich genauer und auch schneller von der Hand geht, mit einem Rollschneider zuschneiden. Die Rollschneider gibt es in verschiedenen Größen (der kleine ist besonders für Rundungen geeignet) und auch als Multi-Rollschneider mit auswechselbaren Messern mit verschiedenen Zackenrändern. Arbeiten Sie mit dem Rollschneider, benötigen Sie dazu noch eine Schneidematte, die es in unterschiedlichen Größen im Handel zu kaufen gibt.

## 3. Lineale

Um ein genaues Zuschneiden mit dem Rollschneider zu ermöglichen, legt man den Stoff an ein Universallineal an. Dann können Sie genau an der Linealkante entlang schneiden. Außerdem sind an diesen Linealen die unterschiedlichen Maße mit Linien sowie die 30, 45, 60 und 90 Grad-Winkel eingezeichnet, was Sie beim Zuschneiden vieler Patchworkarbeiten benötigen.

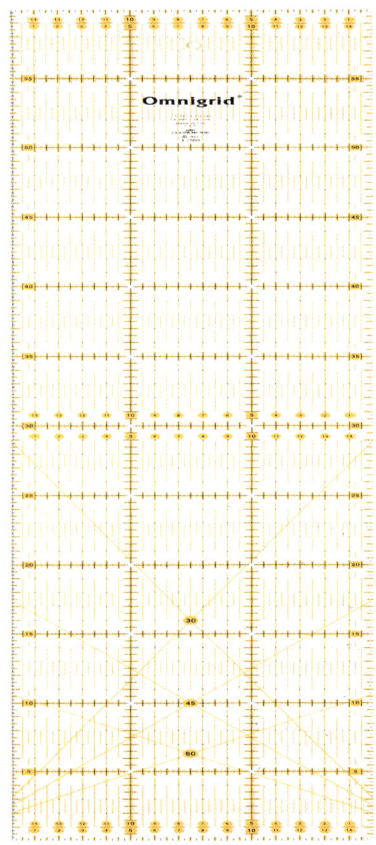


## 4. Seidenpapier

Dieses benötigen Sie zum Abpausen der Schablonen, Quiltmotive und Schnittteile vom Arbeitsbogen.

## 5. Pappe oder Schablonenfolie für das Vorbereiten der Schablonen

Um die entsprechenden Patchworkteile auf Schablonen zu übertragen, benötigen Sie ein Stück Pappe oder Schablonenfolie. Hierbei werden zuerst die Schablonen vom Arbeitsbogen auf Seidenpapier abgepaust und danach auf die Pappe oder die Schablonenfolie übertragen. Müssen Sie ein Dreieck als Schablone vorbereiten, können Sie dies mit den entsprechenden Maßen direkt auf die Pappe oder die Schablonenfolie aufzeichnen. Zum Schluss die Schablonen ausschneiden.

## 6. Kopierpapier

Mit Kopierpapier können Sie es sich ersparen, die Schablonen zuerst auf Seidenpapier zu übertragen. Dabei die Pappe und das Kopierpapier unter die entsprechenden Schablonen des Arbeitsbogens legen und mit einem Schneiderrädchen die Schablonen nachfahren. Damit ist die entsprechende Schablone gleich auf der Pappe oder der Schablonenfolie sichtbar. Zuletzt die Schablonen ausschneiden.

## 7. Nähgarn und Quiltgarn

Für das Zusammennähen wird passendes Baumwoll- oder Polyester-Nähgarn verwendet. Für das Quilten gibt es speziellen Quiltfaden, der besonders stark und gewachst ist. Außerdem gibt es inzwischen einige Spezial-Quiltgarne, wie z.B. unsichtbares Quiltgarn oder Metallic–Quiltgarn.

## 8. Trick-Marker oder Silberstifte

Zum Übertragen der Quiltmotive auf den Stoff benötigen Sie spezielle Stifte. Sollen die gezeichneten Linien nachträglich unsichtbar sein, ist es am einfachsten Sie verwenden spezielle Trick-Marker, die es wasserlöslich (d.h.: die Linien verschwinden nach dem Waschen) oder selbstlöschend (d.h.: die Linien verschwinden nach einiger Zeit von selbst wieder) gibt. Verwenden Sie selbstlöschende Stifte sollten Sie allerdings vorher nur so viele Motive aufzeichnen, wie Sie gleich im Anschluss an das Aufzeichnen nachquilten können. Ansonsten kann es passieren, dass die Linien wieder verschwunden sind, bevor die Arbeit beendet ist.

**Hinweis:**
Diese Linien nicht überbügeln, da sie sonst nicht mehr zu entfernen sind! Dürfen die Zeichenlinien hinterher noch sichtbar sein (was bei hübschen Quiltmotiven sogar von Vorteil ist), sollten Sie besonders bei hellen Uni-Stoffen einen Silberstift verwenden. Dieser schimmert hinterher noch etwas unter den gequilteten Linien durch. Natürlich können Sie die Linien des Silberstiftes nachträglich auch mit einem Radiergummi entfernen.

## 9. Stecknadeln

Zum Zusammenstecken der einzelnen Patchworkteile benötigen Sie viele Stecknadeln. Verwenden Sie zum Patchen die extra langen Glaskopfstecknadeln und/oder dünne Stecknadeln mit flachem Kopf.

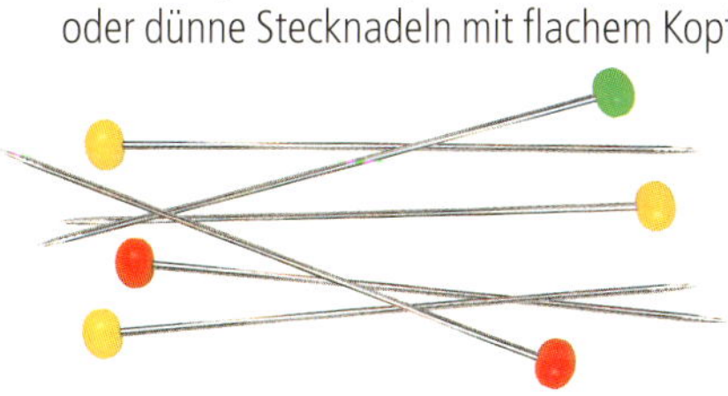

## 10. Messing-Sicherheitsnadeln (gebogen) oder Heftfaden

Um die 3 Lagen (Patchworkoberseite, Einlage und Rückseite) zusammenzuheften, können Sie entweder die 3 Lagen mit großen Heftstichen zusammenheften oder mit den gebogenen Sicherheitsnadeln zusammenstecken.

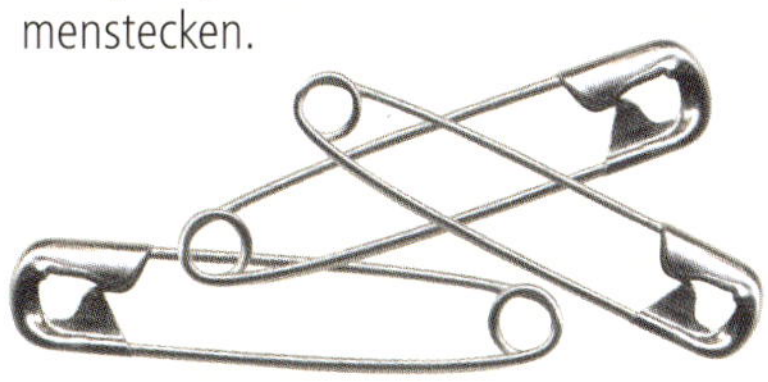

## 11. Quiltnadeln

Spezielle Quiltnadeln, extra kurz und besonders spitz, erleichtern das Quilten.

## 12. Quiltring und -rahmen

Damit die Quiltmuster besonders schön und plastisch hervortreten, spannt man die Arbeit vor dem Quilten in einen Quiltring oder -rahmen. Diese gibt es in ovaler, eckiger und runder Form, in verschiedenen Größen und Varianten.

## 13. Fingerhut

Zum Quilten sollten Sie unbedingt einen Fingerhut verwenden. Fingerhüte gibt es aus Metall und aus Leder. Der Lederfingerhut ist geschmeidig und passt sich deshalb allen Fingerstärken und Nagellängen an. Außerdem ist das Arbeiten mit dem geschmeidigen Fingerhut für die meisten Patchworkerinnen einfacher, als mit dem starren Metallfingerhut. Probieren Sie einfach aus, mit welchem Fingerhut Sie besser zurechtkommen.

## 14. Quilting-Maschinennadeln

Möchten Sie mit der Nähmaschine quilten, sollten Sie spezielle Quilting–Maschinennadeln verwenden. Diese Nadeln verhindern ein Hochziehen des Vliesstoffes beim Nähmaschinenquilten.

## 15. Schrägbandformer

Mit dem Schrägbandformer, den es in unterschiedlichen Breiten gibt, können Sie eine Blende formen, mit der Sie die Arbeit einfassen.

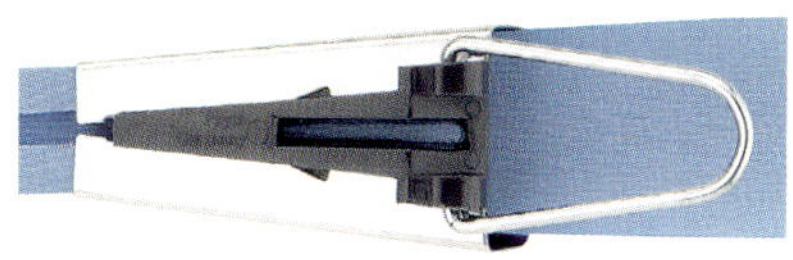

## 16. Heller Filz oder Nessel für eigene Entwürfe

Diesen benötigen Sie, wenn Sie eigene Entwürfe fertigen oder verschiedene Stoffe in vielen Farbschattierungen anordnen möchten.

**Tipp!**

Zusätzlich sollte das Bügeleisen mit dem Bügelbrett stets in Arbeitsnähe griffbereit sein.

## 17. Füllmaterial zum Füllen von Innenkissen

Dies benötigen Sie, wenn ein Innenkissen erforderlich ist, welches nicht einem Normmaß entspricht.
Dinkelspelz, erhältlich in Getreidemühlen, Füllwatte oder eine Mischung aus Füllwatte und Duftpotpourri eignen sich gut.

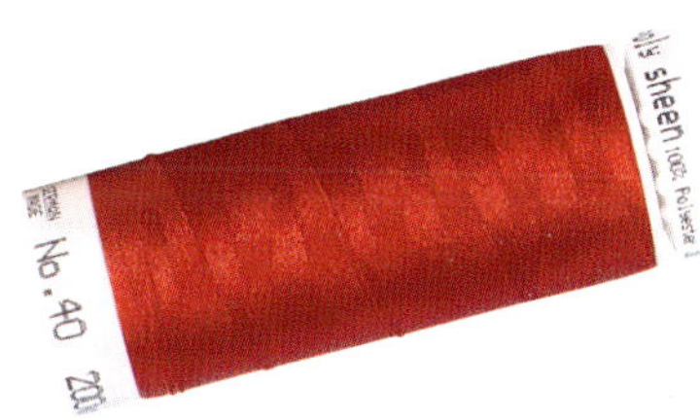

# Patchwork & Quilting Grundkurs

Millimetergenaues Arbeiten ist Voraussetzung für ein gutes Gelingen Ihrer Patchworkarbeit. Gewöhnen Sie sich deshalb das exakte Zuschneiden und Zusammennähen der einzelnen Patchworkteile an.

## Vorbereiten Ihrer Patchworkarbeit

Nach dem Waschen und Sortieren Ihrer Stoffe können Sie die Schablonen vorbereiten, siehe auch Material Seite 6/7. Dazu die Form (hier ein Dreieck) mit Seidenpapier von der Originalschablone abnehmen und auf ein Stück Schablonenmaterial übertragen, dabei gleich den Fadenlauf markieren (siehe Abbildung).

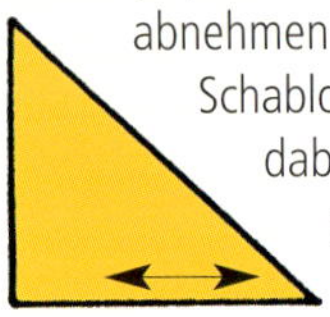

### Tipp!

Es kann auch sein, dass bei Dreiecken keine Originalschablone auf dem Arbeitsbogen vorhanden ist. Dann können Sie sich die Schablone an Hand der angegebenen Maße direkt auf das Schablonenmaterial aufzeichnen. Um hierzu genaue Maße und einen genauen Winkel zu erhalten, sollten Sie zuvor Karopapier oder Millimeterpapier auf das Schablonenmaterial kleben. Dann können Sie sich an die entsprechenden Linien halten. Nun können Sie die Schablone ausschneiden (beim Ausschneiden Nahtzugabe nicht vergessen, falls diese nicht schon eingezeichnet ist). Sie können jedoch auch an den Schablonen zuerst die Umrisse nachzeichnen und zusätzlich die Nahtzugaben an allen Seiten einzeichnen (siehe Abbildung). Damit haben Sie gleich die fertigen Schablonen und können direkt an der Schablone entlang schneiden.

### Achtung!

Nicht alle Vorlagen in diesem Buch konnten aus technischen Gründen in Originalgröße auf den Vorlagenseiten abgebildet werden. Sind diese verkleinert gezeichnet, müssen Sie vergrößert werden. Dann die Vorlage auf Schablonenmaterial übertragen, dabei gleich den Fadenlauf markieren. Alle Schablonen enthalten schon eine Nahtzugabe von 0,75 cm.

### Kurvenschablonen

An Kurvenschablonen oder Formen, die schwierig einzupassen sind, ist es ratsam an die Nahtzugaben Markierungen einzuzeichnen, an denen kleine Kerben eingeschnitten werden. Sind diese Kerben dann auf den Stoff übertragen, können die Nähte exakt zusammengenäht werden (siehe Abbildungen unten).

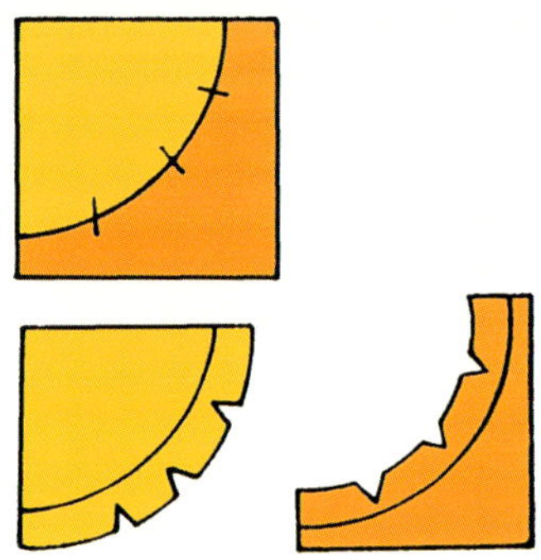

## Zuschneiden ohne Schablonen

Es gibt jedoch auch eine Methode, um Quadrate, Rechtecke und Dreiecke ohne Schablonen schnell und rationell zuzuschneiden.
Benötigen Sie viele Dreiecke aus dem selben Stoff, können die Stoffe bis zu 4x zusammengelegt werden. Die Formen werden dann mit Hilfe des Rollschneiders, Schneidematte und des Universallineals millimetergenau zugeschnitten. Sie müssen dabei folgendes beachten.

### Für Quadrate und Rechtecke:

Die Formen mit den entsprechenden Maßen + 0,75 cm Nahtzugabe an allen Seiten zuschneiden. Die Pfeile markieren den Fadenlauf.
In den Anleitungen dieses Buches sind die Nahtzugaben bereits mit eingerechnet.

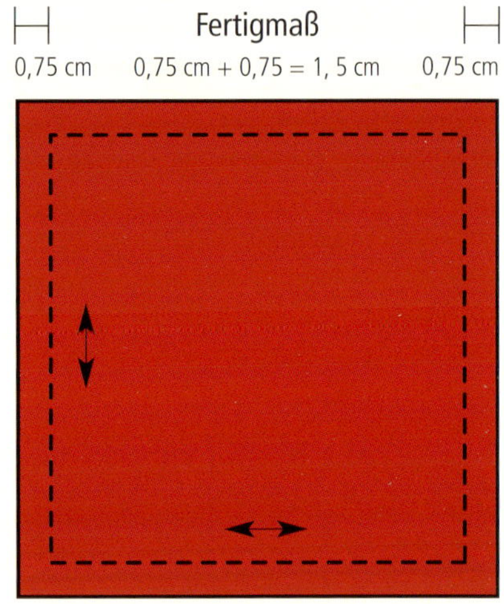


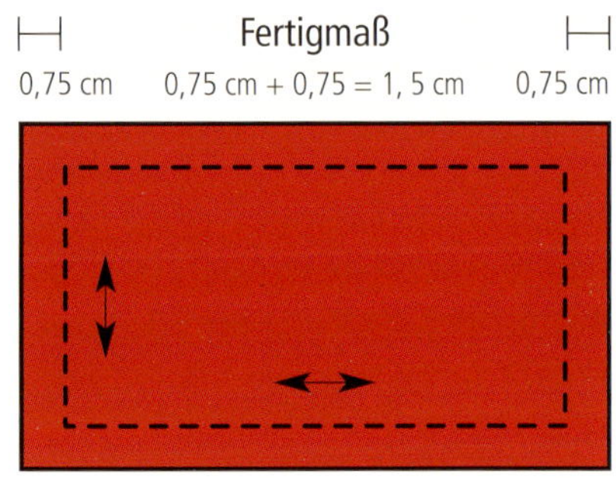


**Für rechtwinklige Dreiecke, deren kurze Seiten im geraden Fadenlauf liegen:**

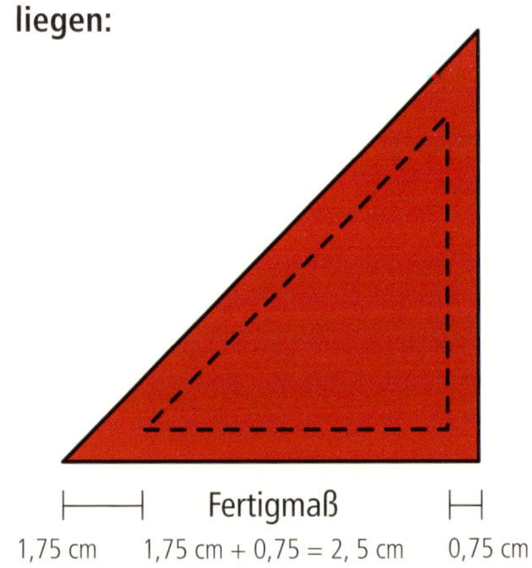


Mit Hilfe der Schneidewerkzeuge, siehe Material Seite 6/7, können Sie alle Teile zuschneiden, für die keine Schablonen benötigt werden. Alle Angaben hierzu sind inkl. 0,75 cm Nahtzugabe.

Für diese Dreiecke zuerst 1 Quadrat mit entsprechendem Maß + 2,5 cm Nahtzugabe ausschneiden und 1 x in der Diagonalen durchschneiden. Die Pfeile markieren den Fadenlauf. Dies ergibt 2 Dreiecke.

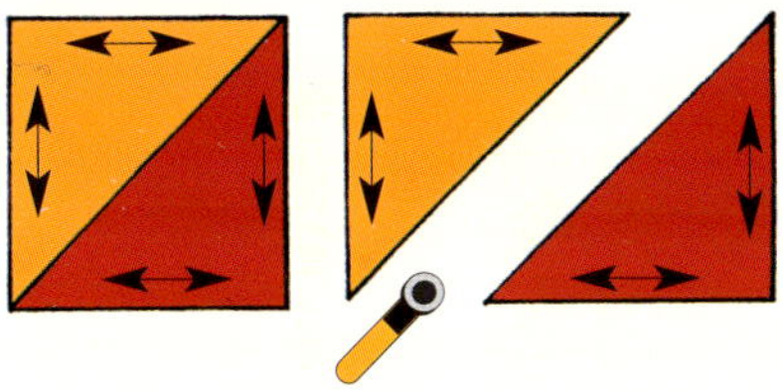

**Für rechtwinklige Dreiecke, deren lange Seiten im geraden Fadenlauf liegen:**

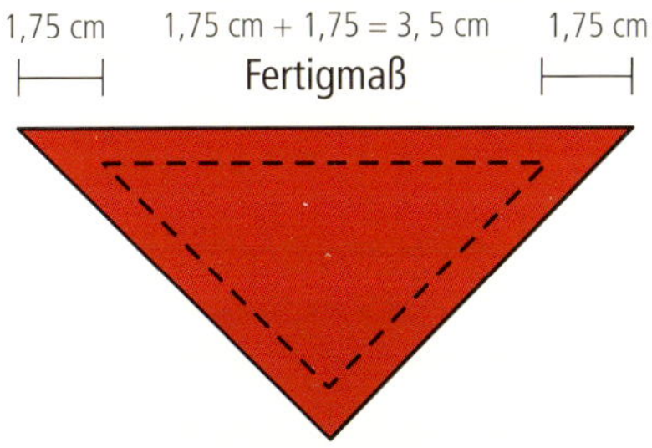


Für diese Dreiecke zuerst 1 Quadrat mit dem entsprechenden Maß + 3,5 cm Nahtzugabe ausschneiden und 2 x in der Diagonalen durchschneiden. Die Pfeile markieren den Fadenlauf. Dies ergibt 4 Dreiecke.

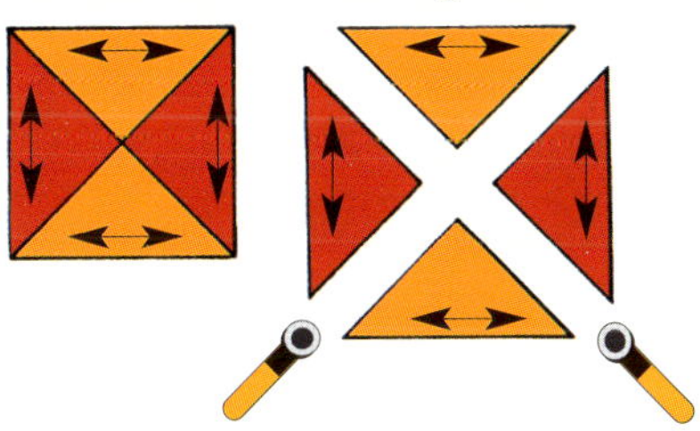

## Das Zusammennähen

Am Anfang und Ende (= am Eckpunkt), bei großen Patchworkteilen auch dazwischen verteilt, je 1 Stecknadel anbringen.

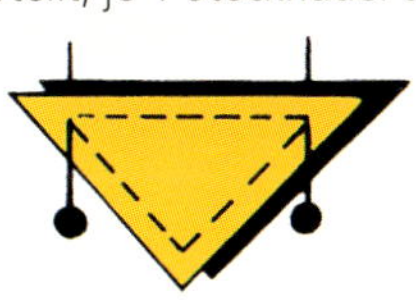

**Mit der Hand:**

Nun diese Nähte mit kleinen Vorstichen entsprechend der jeweiligen Nahtzugabe zusammennähen und mit einigen Rückstichen sichern.

**Mit der Nähmaschine:**

Am Anfang und Ende, bei großen Patchworkteilen auch dazwischen verteilt, je 1 Stecknadel anbringen (wie beim Zusammennähen mit der Hand). Danach die Stichlänge der Nähmaschine einstellen. An der Nähmaschine einen Klebestreifen im Abstand von 0,75 cm von der Nahtlinie entfernt anbringen oder ein entsprechend breites Füßchen verwenden.

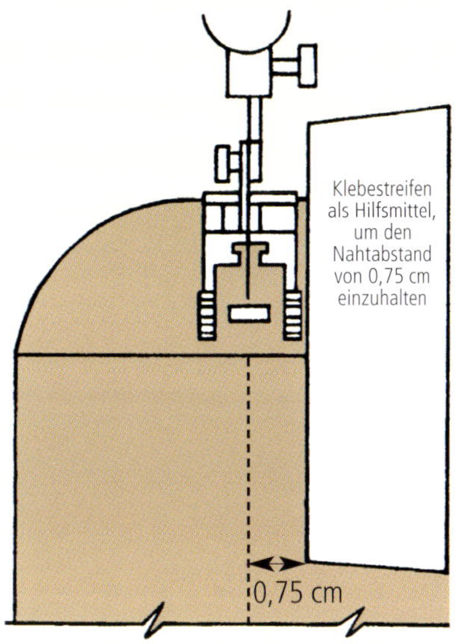


Nähen Sie nun 0,75 cm breit die Teile zusammen, dabei nacheinander die Stecknadeln entfernen.

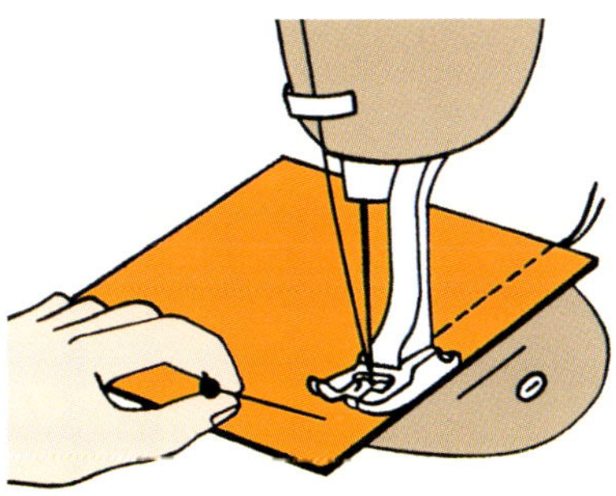

Nähen Sie gleiche Teile möglichst als Kette hintereinander. Dies erspart Zeit und Faden. An den Nahtenden sind keine Rückstiche notwendig.

Nun die kettengenähten Teile aus der Nähmaschine nehmen und voneinander abschneiden.

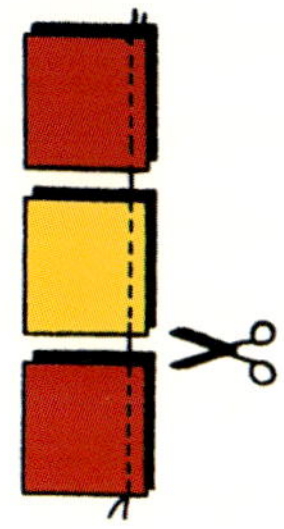

**Y-Nähte:**

Y-Nähte benötigen Sie z.B. beim Zusammensetzen von Rauten und Sechsecken oder beim Einsetzen von Teilen oder Streifen, die eine Höhe ergeben sollen, wie z.B. beim Einsetzen an den Seitenstreifen an Taschen oder an Bodenkissen. Um bei Y-Nähten die Nahtenden zu sichern, arbeiten Sie einige Rückstiche. Hier ist es besser, das Kettennähen nicht anzuwenden.

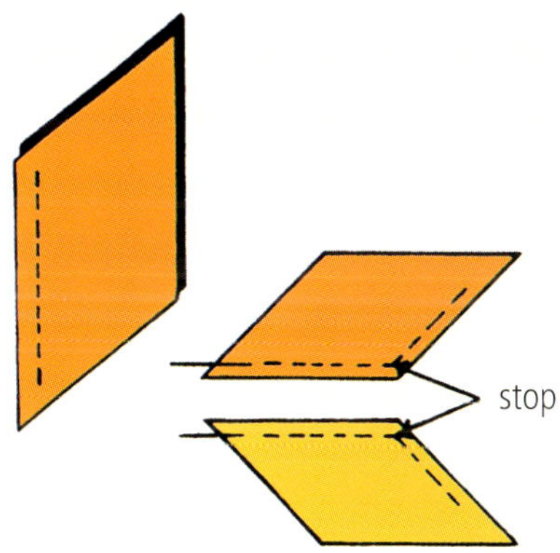


Außerdem sollten Sie 0,75 cm von den Nahtlinien (am Eckpunkt) entfernt beginnen und enden.

Abbildung a

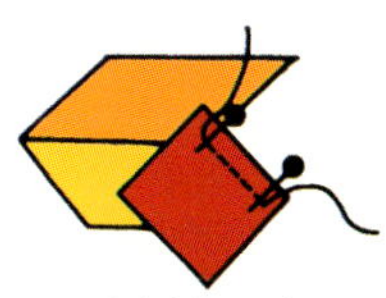

Abbildung b

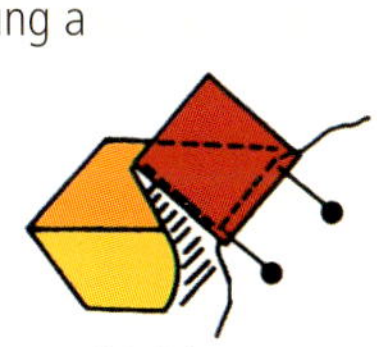

Abbildung c

Abbildung d

Abbildung e

Abbildungen a – e zeigen, wie die Teile bei einer Y-Naht eingesetzt werden.

## Zusammensetzen der Patchworkteile

Schauen Sie sich zuerst den zu nähenden Patchworkblock oder die Umrandung genau an. Bestehen alle Blöcke oder Umrandungen aus gleichen Teilen oder werden Dreiecke, Quadrate, Rechtecke usw. gemischt. Werden Dreiecke, Quadrate und Rechtecke gemischt, zuerst verschiedene Dreiecke zusammennähen, so dass diese wieder ein Quadrat bilden. Die Nähte nach einer Seite bügeln und die überstehenden Enden abschneiden.

Danach ein Quadrat aus 2 oder mehr Dreiecken an ein schlichtes Quadrat nähen

oder je 2 nebeneinanderliegende Quadrate

oder untereinanderliegende Quadrate zusammennähen.

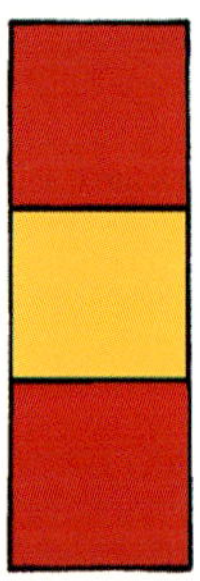

Anschließend die zusammengenähten Quadrate und die schlichten Quadrate untereinander zu Reihen,

danach die einzelnen Reihen zu einem Block zusammennähen.

Natürlich können Sie die Quadrate zuerst auch nebeneinander zu Reihen, dann die Reihen untereinander zum Block zusammennähen.

## Bügeln

Die Patchworkteile möglichst von der rechten Seite bügeln, und zwar stets nach einer Seite hin.

Die nach einer Seite gebügelten Nähte sind haltbarer (die Kanten werden nicht versäubert) und halten die Einlage zurück. Falls möglich, die Nahtzugaben immer zur dunkleren Stoffseite hin bügeln, damit auf der Vorderseite kein Schatten sichtbar ist. Die Abbildung zeigt 2 zusammengenähte und nach einer Seite hin gebügelte Teile.

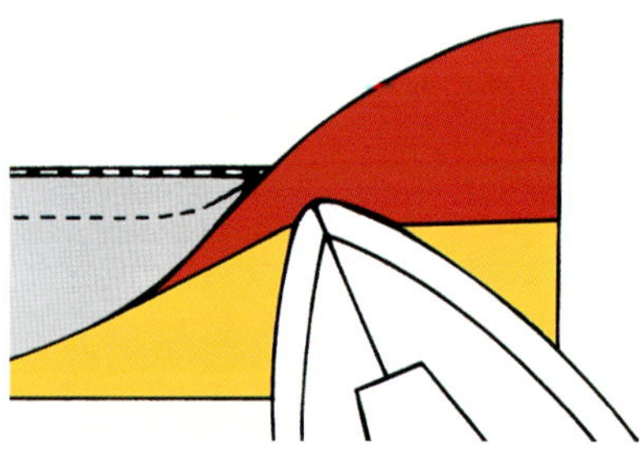

So sehen die gebügelten Nähte auf der Rückseite aus.

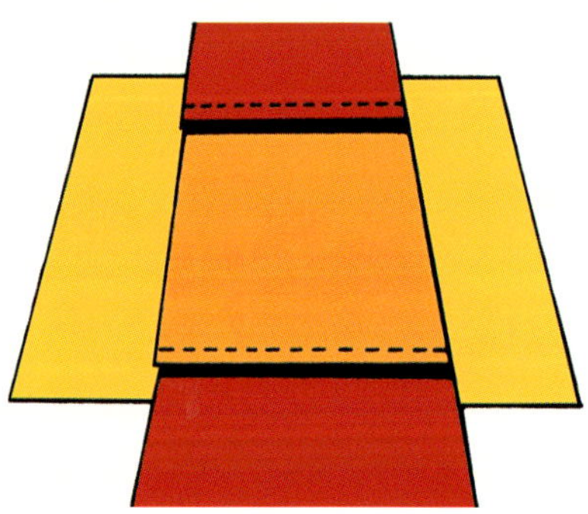

Werden 2 Reihen aus zusammengesetzten Patchworkteilen aneinander genäht, sollten alle Nahtzugaben der 1. Reihe in eine Richtung, die der 2. Reihe in die entgegengesetzte Richtung gebügelt werden.

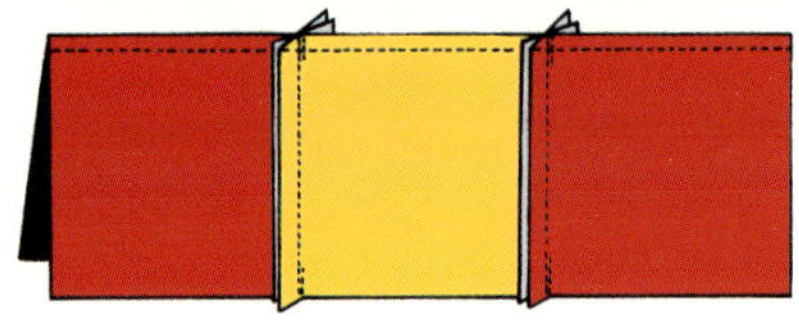

So ist das Zusammenstecken der Nähte, die an den Kreuzungspunkten zusammentreffen, viel einfacher und die Nähte sind nicht so dick. Werden mehr als 2 Reihen aneinander genäht, die 1., 3., 5., 7. Reihe usw. in eine Richtung, die 2., 4., 6., 8. Reihe usw. in die Gegenrichtung bügeln. Die Abbildung unten zeigt einen perfekt gebügelten Patchworkblock von der Rückseite. Manchmal lässt es sich allerdings nicht vermeiden, dass einige Nahtlinien in den hellen Stoff gebügelt werden. Dies sollten Sie zugunsten der perfekten Kreuzungspunkte in Kauf nehmen.

**Ausbügeln von Längsstreifen:**

Die Längsstreifen nicht waagrecht,

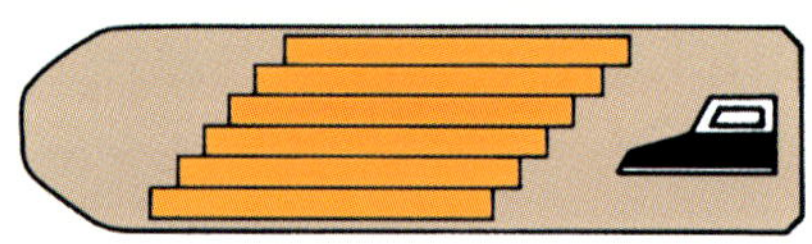

falsch

sondern senkrecht aufs Bügelbrett legen.

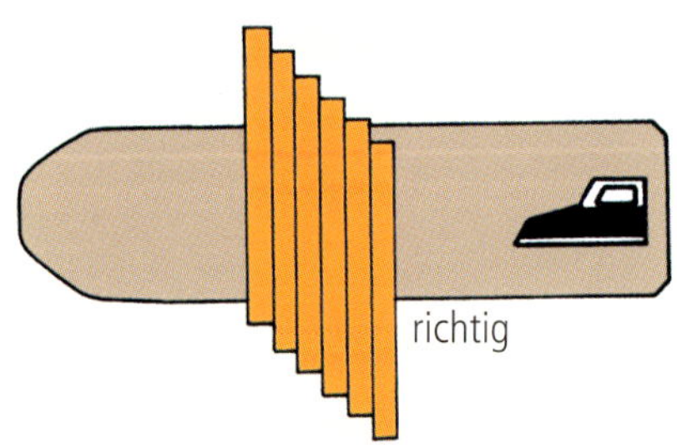


Auf diese Art und Weise verziehen sich die Streifen nicht in eine Richtung, sondern verlaufen parallel.

## Schräge Ecken nähen

Zuerst entsprechend lange Streifen zuschneiden = 1x die Länge der einzufassenden Kante + 2x die End-Breite des entsprechenden Streifens + 3,5 cm Nahtzugabe. Danach an allen Seiten die Ecke im 45-Grad Winkel abschneiden.

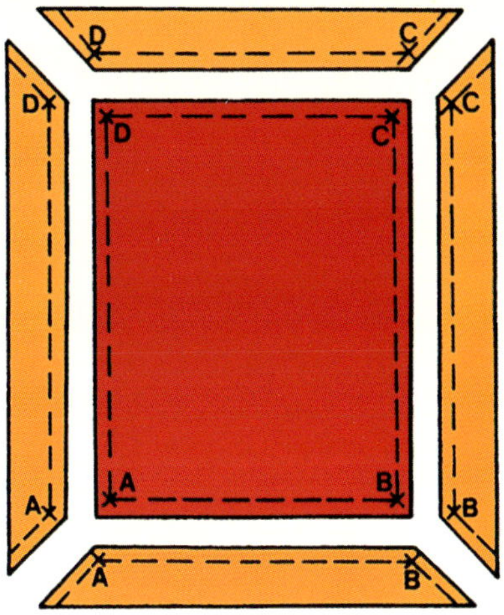


Nun alle Seiten annähen, dabei die jeweiligen Streifen rechts auf rechts auf das Teil legen und feststecken. Anschließend die entsprechenden Streifen annähen, dabei jeweils 0,75 cm von den Nahtlinien (dem Eckpunkt = mit x in der Abbildung angegeben) entfernt beginnen und enden und den Nahtanfang sowie das Nahtende jeweils mit einigen Rückstichen sichern (siehe Abbildungen).

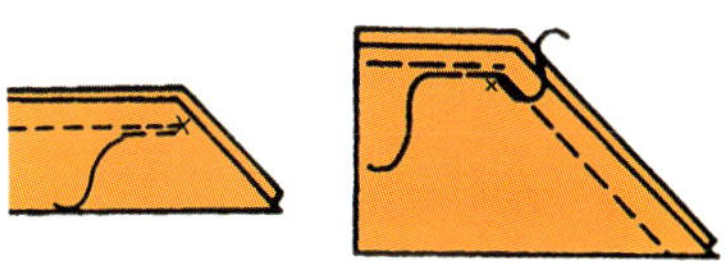

**Tipp!**

Am einfachsten geht dies, wenn Sie die Streifen zuerst an je 2 sich gegenüberliegenden Seiten, danach an den beiden restlichen Seiten annähen. Zuletzt die schrägen Ecken zunähen, dabei wieder am Eckpunkt beginnen und den Nahtanfang mit einigen Rückstichen sichern.

## Zusammensetzen der Lagen

Den Rückseitenstoff ca. 5 cm größer als die Patchworkoberseite zuschneiden und glatt auf den Tisch legen – die rechte Seite liegt unten. Die Kanten der Rückseite mit Klebeband an der Unterlage (Tisch oder Boden) befestigen. Ein gleich großes Teil Volumenvlies glatt auf die Rückseite legen. Das Patchworkteil mit der rechten Seite nach oben zeigend oben auflegen. Die Lagen mit Stecknadeln aufeinander stecken, dabei zuerst den Stoff stets mit den Händen von der Mitte zu den Rändern hin glatt streichen.

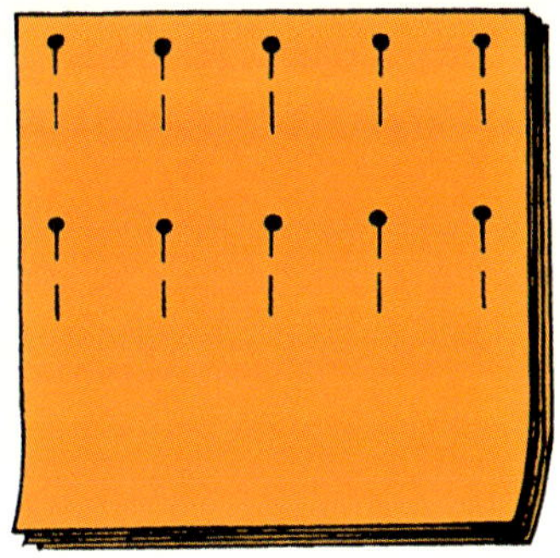

**Achtung!**

Wird eine Kissenvorderseite gequiltet, muss auch diese mit einem Volumenvlies und einer Stofflage versehen werden. Diese wird dann als Rückseite des vorderen Patchworkteiles bezeichnet.

Nun mit Heftgarn die Lagen zwischen den Nadeln mit großen Heftstichen zusammenheften, dabei von der Mitte ausgehend zuerst diagonale, dann waagerechte und senkrechte Linien heften. Ungefähr im Abstand von ca. 5 – 15 cm je eine Heftlinie arbeiten. Nach dem Heften die Nadeln entfernen.

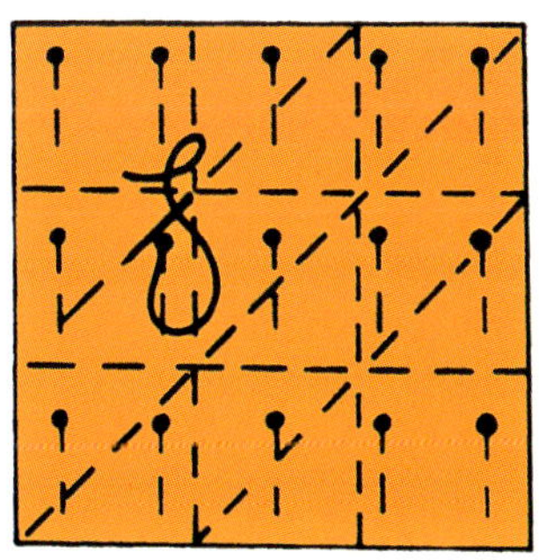

**Tipp!**

Sie können anstatt wie beschrieben auch gleich die gebogenen Sicherheitsnadeln verwenden (möglichst viele). Damit haben Sie gleichzeitig gesteckt und geheftet. Sie sollten jedoch beachten, dass die Nadeln beim Quilten (besonders beim Maschinenquilten) sehr störend sind. Probieren Sie selbst aus, wie Sie besser zurecht kommen. Inzwischen gibt es auch schon spezielle Heftpistolen.

## Quilten

Quilten dient dazu, die 3 Lagen (Rückseite, Einlage und Patchworkoberseite) zusammenzuhalten. Außerdem kann dadurch die Einlage beim Waschen nicht klumpen. Die verschiedenen Quiltmuster sind zusätzlicher Schmuck des Patchworkteiles.

Es wird stets von der Mitte ausgehend nach außen gequiltet.

Zuerst müssen Sie die Quiltmotive von der Vorlage pausen. Das Motiv auf einen leeren Schablonenbogen kleben. Die Linien des Motivs vorsichtig aufschneiden, dabei darauf achten, dass keine losen Teile entstehen, so dass die Schablone als Ganzes bleibt. Mit dem Trick-Marker oder dem Silberstift die Linien durch die ausgeschnittenen Teile zeichnen und danach die eventuell unterbrochenen Linien verbinden.

**Tipp!**

Es gibt auch fertige Schablonen für Quiltmotive zu kaufen.

Bei Motiven, bei denen nur die Umrandungen nachgequiltet werden, können Sie das Motiv ausschneiden und die Konturen direkt auf den Stoff übertragen.

**Tipp!**

Es besteht auch die Möglichkeit, dass Sie die Quiltmotive (jedoch nicht mit dem selbstlöschenden Trick-Marker) auch schon vor dem Zusammensetzen der einzelnen Lagen auf den Stoff zeichnen.

## Handquilten:

Für das Quilten eine kurze Quilt-Nadel verwenden. Nun spannen Sie die Quilt-Arbeit in einen Rahmen oder Quiltring. Fädeln Sie das Garn ein und verknoten Sie das Garnende. Danach stechen Sie von unten nach oben an die gewünschte Stelle des Stoffes ein und ziehen den Faden so weit heraus, dass der Knoten in der Füllung stecken bleibt. Stecken Sie nun einen Fingerhut auf den Mittelfinger der Nähhand. Legen Sie das Öhr gegen den Fingerhut und lenken die Nadel in den Quilt, so dass die Nadelspitze die Fingerkuppe Ihrer Führungshand unter dem Quilt trifft. Drücken Sie nun von unten mit einem Finger der 2. Hand gegen den Quilt. Berührt die Nadelspitze den Finger unter dem Quilt, lenken Sie sie zurück auf die Oberfläche und ziehen Nadel und Faden durch. Den Finger unter dem Quilt können Sie mit einem zusätzlichen Fingerhut, möglichst aus Leder oder mit Pflaster schützen. Quilten Sie nun gleichmäßige Vorstiche durch alle 3 Lagen des Quilts.

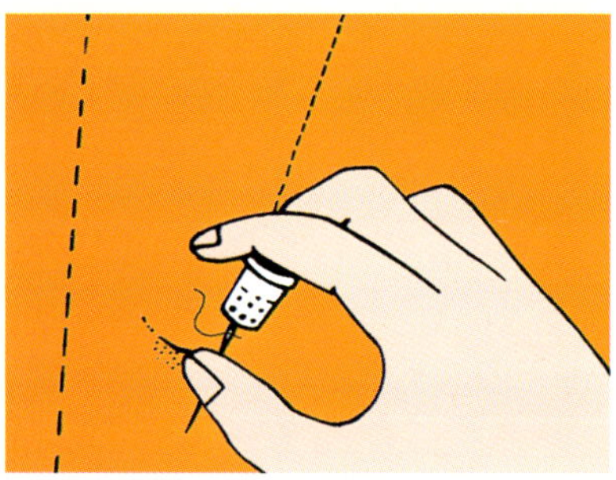

Wenn Sie schon etwas Übung haben, können Sie gleich mehrere Stiche auf eine Nadel fassen, bevor Sie den Faden herausziehen. Auf diese Weise können Sie verschiedene Muster und Linien quilten. Soll entlang der Nähte gequiltet werden, heißt dies, dass genau 0,75 cm breit neben den Nähten der Patchworkteile eingestochen wird.

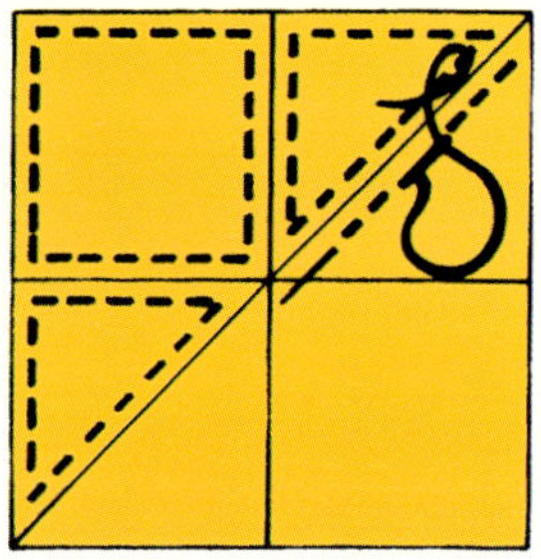

Am Ende einer Quiltlinie wickeln Sie den Faden 3x um die Nadel und stechen in das Volumenvlies. Führen Sie die Nadel ca. 2,5 – 3 cm entfernt wieder nach oben und ziehen Sie am Faden, so dass der kleine Knoten unter den Stoff schlüpft.

## Maschinenquilten:

Setzen Sie eine 90er oder eine spezielle Quilt-Nadel in die Nähmaschine ein und lockern die Spannung etwas. Benutzen Sie die gleiche Fadenstärke für den Ober- und Unterfaden. Verwenden Sie evtl. einen speziellen Obertransportfuß, den viele Nähmaschinenfirmen anbieten und der die 3 Lagen ohne Zusammenziehen der einzelnen Stoffe miteinander verbindet. Für das Quilten von Parallel-Linien können Sie den Abstandshalter anbringen.

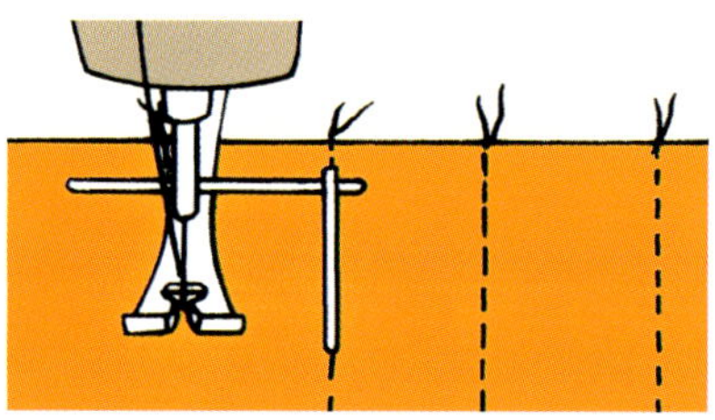

Möchten Sie frei Hand Formen quilten, setzen sie den Stopf- oder Quiltingfuß ein und versenken den Stofftransport. Nun die zu quiltende Fläche großzügig mit Schlangenlinien oder sonstigen Formen quilten, dabei den Stoff mit langsamen Bewegungen der Hände und relativ hoher Nähgeschwindigkeit führen. Die Koordination von Nähgeschwindigkeit und Handbewegung bestimmt die Stichlänge.

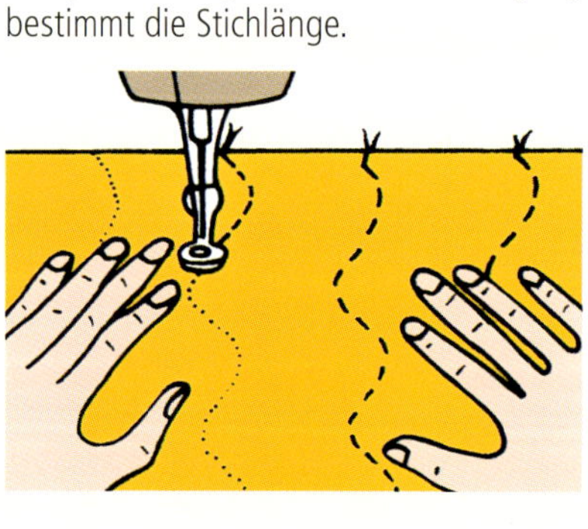

## Eine etwas schnellere Methode ist das Knotenquilten:

Das kann eine interessante Alternative sein. Für das Knotenquilten sollten Sie beim Zusammenstecken an jeder Stelle, an der ein Knoten eingearbeitet wird, eine Stecknadel anbringen. Nun einen langen, kräftigen Faden (Perlgarn, Häkelgarn oder sogar farblich passende Wolle) in eine Nadel fädeln. Nähen Sie durch alle 3 Lagen hindurch 2 Rückstiche an derselben Stelle, dabei jeweils die Stecknadel übernähen. Lassen Sie dabei Fadenanfang und Fadenende ca. 5 – 7,5 cm lang stehen.

Anschließend die Fadenenden zuerst rechts über links, dann links über rechts flach verknoten. Ziehen Sie die Knoten fest an und schneiden die Enden in der gleichen Länge ab.

## Tipp!

Soll der Quilt viel gewaschen werden, empfiehlt es sich, möglichst viele Knoten einzuarbeiten.

## Das richtige Versäubern

Nach dem Quilten die Rückseite mit der Einlage an jeder Seite gleich groß wie die Vorderseite zurückschneiden. Nun die ganze Arbeit versäubern. Meistens geschieht dies durch die Einfassung einer genau auf den Hintergrundstoff abgestimmten oder kontrastierenden Einfassblende. Die Blende kann aus einem fertigen oder selbst zusammengenähten Schrägstreifen (besonders für Rundungen geeignet) oder einer entsprechenden Einfassblende (für gerade Teile) im geraden Fadenlauf bestehen. Reicht die Stofflänge dabei nicht für die komplette Umrandung oder eine Seite der Patchworkarbeit aus, müssen zuerst verschiedene Schrägstreifen oder gerade Streifen zusammengesetzt werden. Um beim Zusammennähen der einzelnen im geraden Fadenlauf zugeschnittenen Streifen eine möglichst flache Naht zu erhalten, sollten die Schmalseiten wie beim Schrägstreifen im 45-Grad Winkel zusammengenäht werden. Die Nahtbreite beträgt 0,75 cm. Die überstehenden Ecken werden nachträglich abgeschnitten. Naht auseinander bügeln.

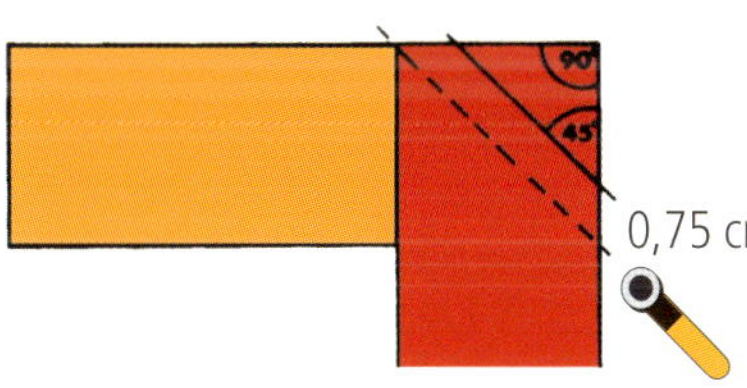


**Für die Einfassung stehen Ihnen dann folgende Methoden zur Verfügung:**

### 1. Methode:

Zuerst Streifen von je 6,5 cm bzw. Streifenbreite laut Angabe in der jeweiligen Anleitung in der erforderlichen Länge zuschneiden und falls nötig, jeweils an den Schmalseiten zusammensteppen. Danach die Einfassblenden an den Längsseiten links auf links aufeinander bügeln. Dann die doppelt gelegten Einfassblenden mit den offenen Kanten rechts auf rechts zuerst an zwei sich gegenüberliegenden Seiten der Vorderseite stecken und ansteppen. Die Blenden zur Hälfte auf die Rückseite umbügeln und mit kleinen Saumstichen von Hand festnähen. Die übrigen beiden Einfassblenden an den beiden anderen Rändern genauso arbeiten, jedoch vor dem Umlegen dieser Blenden die Schmalseiten zusammennähen oder nach innen bügeln.

### 2. Methode:

Zuerst Streifen von je 6,5 cm bzw. Streifenbreite laut Angabe in der jeweiligen Anleitung in der erforderlichen Länge zuschneiden und wie beschrieben jeweils an den Schmalseiten zusammensteppen.

### Tipp!

Zur jeweils angegebenen Länge immer etwas mehr dazugeben und vor dem Zusammennähen von Streifenanfang und Streifenende die Streifen auf die erforderliche Länge zurückschneiden. Danach den Streifen links auf links aufeinander bügeln. Dann den Streifen mit den doppelt gelegten offenen Kanten rechts auf rechts an die Vorderseite des Quiltes legen und bis zur ersten Ecke feststecken, dabei an einer Seitenmitte beginnen und die ersten ca. 10 cm des Streifens nicht festnähen. Nun den Streifen bis zur ersten Ecke festnähen, dabei 0,75 cm vom unteren Rand entfernt (= am Eckpunkt) enden und das Nahtende sichern.

Danach den Quilt um 90 Grad in die Position zum Nähen der folgenden Seite drehen. Den Streifen zuerst nach oben klappen, um einen 45-Grad Winkel zu bilden.

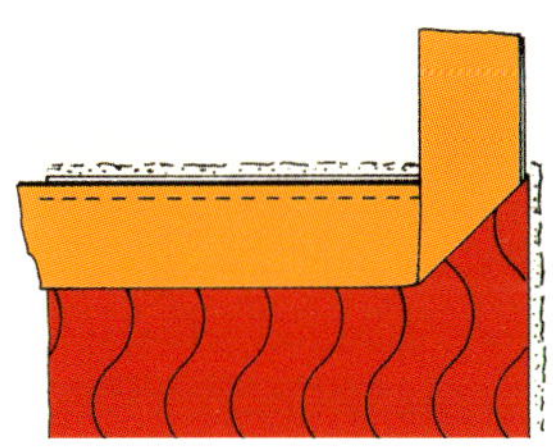

Dann wieder nach unten, so dass die Bruchkante des Streifens am oberen Rand bündig ist. Bruchkante evtl. feststecken.

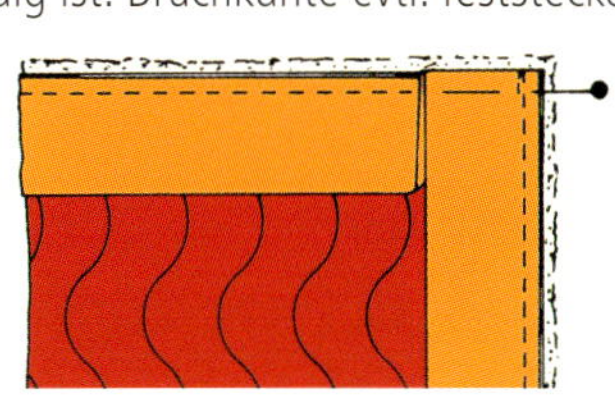

Nun den Streifen an die folgende Seite nähen, dabei direkt am oberen Rand mit dem Nähen beginnen und den Nahtanfang sichern. Den Streifen ringsum annähen und jede Ecke genauso arbeiten. Am Schluss die letzten ca. 10 cm nicht festnähen. Die restliche erforderliche Länge überprüfen und zurechtschneiden, dabei die Nahtzugaben nicht vergessen. Nun den Streifenanfang und das Streifenende an den Schmalseiten zusammennähen. Anschließend die restliche Ansatznaht der Blende festnähen. Blende zur Hälfte auf die Rückseite umbügeln, dabei an den Ecken jeweils eine diagonale Falte entsprechend der Falte, die sich auf der Vorderseite gebildet hat, legen. Zuletzt den Streifen mit kleinen Saumstichen von Hand auf der Rückseite festnähen, so dass die Ansatznaht verdeckt ist. Die diagonale Falte an den Ecken evtl. mit einigen Stichen von Hand schließen. Die Abbildung unten zeigt die fertige Einfassung.

### Versäubern ohne Blenden:

Für manche Patchworkarbeiten benötigen Sie keine Einfassblenden. Hierbei werden die 3 Lagen nur verstürzt. Zuerst die Rückseite und die Einlage auf Vorderseitengröße zurück schneiden. Dann die Vorder- und Rückseite rechts auf rechts aufeinander legen, das Vlies oben auflegen, dabei darauf achten, dass die 3 Lagen schön glatt gestrichen werden und die Außenkanten bündig sind. Nun alle 3 Lagen entlang der Außenkanten zusammensteppen, dabei an einer Seite zum Wenden eine kleine Öffnung lassen. Außenkanten mit schmalen Zickzackstichen oder einer Overlock-Nähmaschine versäubern. Nahtzugaben an den Ecken bis kurz vor die Nahtlinien zurückschneiden. Teil wenden. Öffnung von Hand schließen. Erst jetzt das Heften und die Quiltarbeiten ausführen.

## Randeinfassung mit schrägen Ecken

Zuerst entsprechend lange Streifen zuschneiden = 1x die Länge des einzufassenden Randes + 2x die End-Breite des entsprechenden Streifens + 3,5 cm Nahtzugabe.
Danach an allen Streifen diagonale Linien (Spitzen) im 45-Grad Winkel abschneiden.

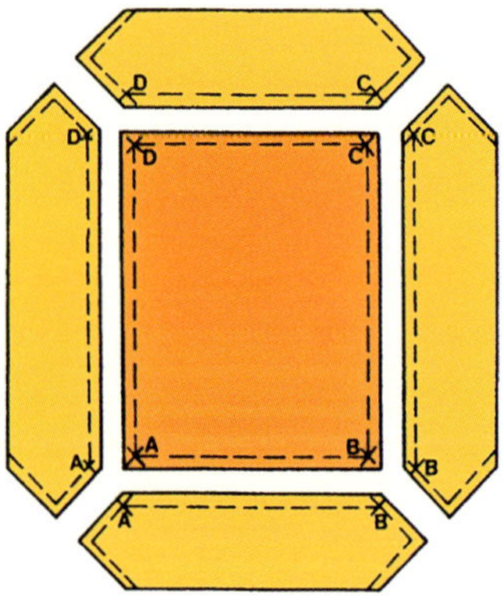

Nun alle Seiten annähen, dabei die jeweiligen Streifen rechts auf rechts auf das Teil legen und feststecken. Anschließend die entsprechenden Streifen annähen, dabei jeweils 0,75 cm von den Nahtlinien (dem Eckpunkt = mit x in der Abbildung angegeben) entfernt beginnen und enden und den Nahtanfang sowie das Nahtende mit einigen Rückstichen sichern.

### Tipp!

Am einfachsten geht dies, wenn Sie die beiden Streifen zuerst an je 2 sich gegenüberliegenden Seiten, danach an den beiden restlichen Seiten annähen.
Zuletzt die Spitze zunähen, dabei wieder am sogenannten Eckpunkt beginnen und den Nahtanfang mit einigen Rückstichen sichern.

Nahtzugaben auseinanderbügeln. Nun an den äußeren Kanten (= in der Höhe der Spitzenmitte) je 1 Bruch bügeln. Die offenen Kanten 0,75 cm breit nach innen umbügeln und feststecken. Danach diesen Rand mit kleinen Saumstichen auf der Rückseite der Arbeit annähen.

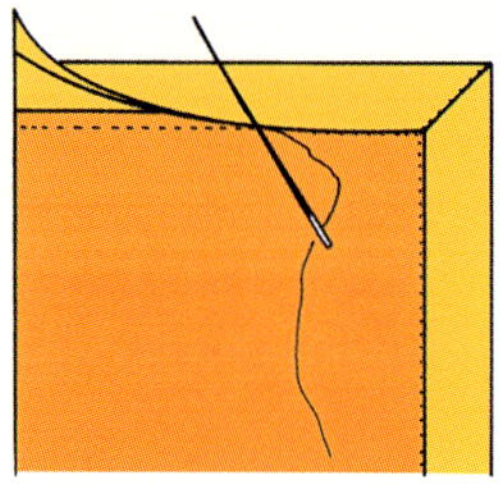

### Tipp!

Für die Randeinfassung mit schrägen Ecken gibt es noch eine 2. Möglichkeit: Zuerst alle 4 Streifen in der angegebenen Länge und Breite zuschneiden. Danach die Längsseite 0,75 cm breit nach innen bügeln. Anschließend an den kurzen Seiten im 45-Grad Winkel 2 diagonale Linien (= Spitzen) abnähen. Nahtzugabe bis auf ca. 0,75 cm zurückschneiden. Spitze kurz vor der Nahtlinie abschneiden.

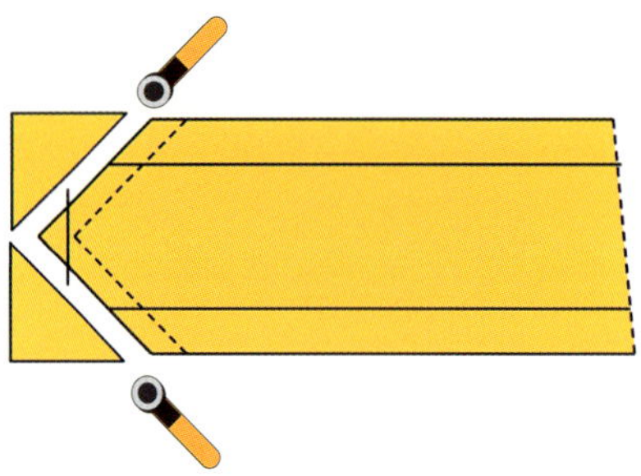

Zusammengenähte Streifen wenden, doppelt aufeinander legen (siehe Abbildung) und 0,75 cm breit über die Stoffquadrate oder -rechtecke schieben.

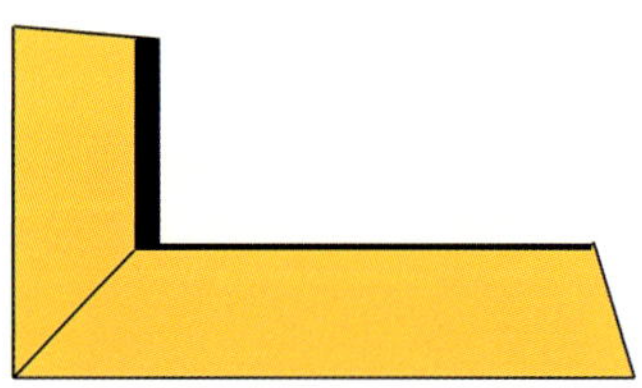

Danach alle Streifen schmalkantig aufsteppen.

## Schrägstreifen zusammensetzen

### 1. Methode:

Zuerst die Streifen im schrägen Fadenlauf zuschneiden. Danach diese Streifen zusammennähen.

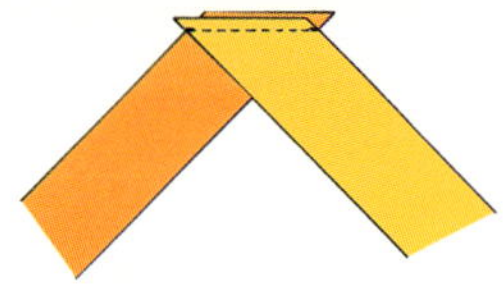

Je nach gewünschter Länge 2 oder mehr Streifen zuschneiden, zusammennähen und auf die entsprechende Länge zurechtschneiden.

### 2. Methode:

Diese Methode ist besonders empfehlenswert, wenn Sie sehr lange Schrägstreifen benötigen. Zuerst ein Quadrat von ca. 50 x 50 cm oder entsprechend der Modell-Anleitung zuschneiden. Nun das Quadrat 1 x in der Diagonalen durchschneiden, so dass 2 Dreiecke entstehen.

Anschließend diese beiden Dreiecke zusammennähen. Naht auseinander bügeln. Danach laut Abbildung im Abstand der Schrägstreifenbreite Linien einzeichnen.

Nun diese Fläche zu einem Tunnel schließen, dabei die spitzen Ecken um die Streifenbreite versetzen, so dass die Kante auf die 1. abzuschneidende Linie trifft.

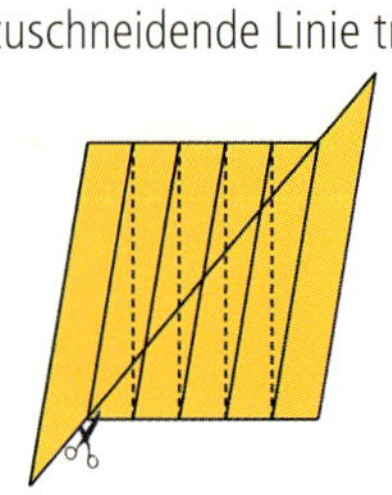

Naht auseinanderbügeln. Danach aus der Fläche entsprechend der eingezeichneten Linien mit der Schere einen Endlosstreifen in der gewünschten Länge zuschneiden.

## Kissenverschlüsse

### 1. Hotelverschluss

Dafür benötigen Sie keinen Schließmechanismus wie z.B. einen Reißverschluss, Knöpfe oder Klettband. Es werden dafür 2 Rechtecke oder 2 entsprechend der Vorderseite große Teile zugeschnitten, die zusammen so groß sind, dass sich die Rechtecke auf der Kissen-Rückseite um ca. 1/3 der gesamten Kissenhöhe überlappen.

Ausführung:

1. Die beiden Rückseiten-Rechtecke an je einer Längskante 1 x 0,75 cm und 1 x 1 cm breit nach innen säumen, falls nicht anders angegeben.
2. Das größere Rückseiten-Rechteck rechts auf rechts bündig mit dem oberen und den beiden seitlichen Rändern, nun das kleinere Rechteck rechts auf rechts bündig mit dem unteren und den beiden seitlichen Rändern auf die Vorderseite stecken, evtl. festheften, dabei überlappen sich die Rechtecke an den gesäumten Längskanten.
3. Vorder- und Rückseite entlang der Außenkanten zusammensteppen.
4. Kissenhülle wenden.

### 2. Knopfverschluss

Für diesen Verschluss werden für die Rückseite 2 Rechtecke oder 2 entsprechend der Vorderseite große Teile zugeschnitten, die zusammen so groß sind, dass sich die fertigen Säume um Saumbreite überlappen. Zusätzlich benötigen Sie für diesen Verschluss 3 oder mehr passende Knöpfe.

Ausführung:

1. Zuerst für den Unter- und Übertritt an den beiden Rechtecken der Rückseitenteile die langen Seiten oder wie in der Anleitung angegebenen Seiten 1 x 0,75 cm breit nach innen bügeln und evtl. absteppen. Danach den Unter- und Übertritt nochmals 2,5 cm breit umbügeln und schmalkantig sowie steppfüßchenbreit absteppen.
2. Am Übertritt gleichmäßig verteilt 3 oder mehr Knopflöcher einarbeiten.
3. Den Unter- und Übertritt übereinanderlegen und beidseitig die äußeren je ca. 10 cm (falls nicht anders angegeben) zusammennähen.
4. Knöpfe am Untertritt annähen.
5. Vorder- und Rückseite rechts auf rechts aufeinanderlegen und entlang der Außenkanten zusammensteppen.
6. Kissenhülle wenden.

### 3. Klettverschluss

Der Klettverschluss ist eine einfache Alternative zur Knopfleiste. Es werden wie beim Knopfverschluss 2 Rückseiten-Teile oder 2 entsprechend der Vorderseite große Teile zugeschnitten, so dass sich die fertigen Säume um Saumbreite überlappen. Anstelle der Knöpfe wird Klettband in der Länge laut jeweiliger Anleitung angenäht.

Ausführung

1. Zuerst für den Unter- und Übertritt an den beiden Teilen der Rückseite die langen Seiten oder die in der Anleitung angegebenen Seiten 1 x 0,75 cm breit nach innen bügeln und evtl. absteppen. Danach den Unter- und Übertritt nochmals 2,5 cm breit umbügeln und schmalkantig sowie steppfüßchenbreit absteppen.
2. Das Klettband mittig auf den Untertritt des Saumes eines Rechteckes aufstecken und rundum schmalkantig aufsteppen.
3. Auf die Unterseite des Übertrittes das Klettband mittig genauso aufnähen, dabei darauf achten, dass die beiden Seiten der Klettbandabschnitte deckungsgleich übereinander liegen.
4. Die Teile überlappend links auf rechts so aufeinander legen, dass das Klettband geschlossen ist. Eventuell die äußeren je ca. 10 cm (falls nicht anders angegeben) zusammennähen.
5. Vorder- und Rückseite rechts auf rechts aufeinander legen und entlang der Außenkanten zusammensteppen.
6. Kissenhülle wenden.

### 4. Reißverschluss

Reißverschlüsse können z.B. in 2 Rückseiten-Teile oder in die Naht zwischen Vorder- und Rückseite einer Kissenhülle eingearbeitet werden. Unabhängig davon, wo der Reißverschluss platziert werden soll, ist die Art der Verarbeitung die gleiche. Die Nahtzugabe für den Reißverschluss beträgt 1,5 cm an den zusammenzunähenden Längsseiten. Alle übrigen Nahtzugaben betragen weiterhin 0,75 cm, falls nicht anders angegeben. Den Reißverschluss entweder zwischen die beiden Rückseiten-Teile oder in die Naht zwischen Vorder- und Rückseite einarbeiten.

Ausführung:

1a. Vorder- und Rückseite rechts auf rechts aufeinander legen.
1b. Die Schmalseiten des Rückseiten-Rechteckes rechts auf rechts aufeinander legen.
2. Den Reißverschluss-Schlitz markieren, z. B. bei einem 40 x 40 cm großen Kissen und einem 30 cm langen Reißverschluss die mittleren 30 cm.
3. Von der Außenkante bis zur 1. Markierung mit kleinen Stichen (Stichlänge ca. 2 nähen, an Markierung die Naht sichern).
4. Zwischen den Markierungen die Naht in großen Stichen fortsetzen (Stichlänge 5).
5. An der 2. Markierung die Naht ebenfalls sichern und bis zur Außenkante wieder mit kleinen Stichen weiter nähen.
6. Stoffteile auseinander klappen und die Nahtzugaben auseinander bügeln.
7. Den Reißverschluss mittig unterhalb der Markierung platzieren und mit Stecknadeln fixieren oder heften.
8. Reißverschluss einnähen, dafür den Reißverschlussfuß der Nähmaschine verwenden oder den Reißverschluss von Hand einnähen.
9. Die großen Nähstiche zwischen den Markierungen auftrennen.
10. Vorder- und Rückseite bzw. die Schmalseiten des Rückseiten-Rechteckes rechts auf rechts aufeinander legen und entlang der Außenkanten zusammennähen, dabei muss der Reißverschluss vorher zum späteren Wenden geöffnet werden.
11. Kissenhülle wenden.

## Innenkissen

Innenkissen zum Selbernähen werden oft benötigt, wenn die fertigen Außenkissen ein Sondermaß haben, für die es keine passenden Innenkissen zu kaufen gibt. Nachfolgend können Sie nachlesen, wie solche Innenkissen zu nähen sind. Zunächst alle Außenkanten des Innenkissen-Rechteckes bzw. der beiden Innenkissen-Formen mit schmalen Zickzackstichen oder Overlock-Nähmaschine versäubern. Nun die Schmalseiten des Rechteckes bzw. der beiden Innenkissen-Formen rechts auf rechts aufeinander legen und alle offenen Seiten mit 1 cm Nahtzugabe zusammennähen, dabei an einer Seite ein Stück zum Wenden offen lassen. Das Innenkissen wenden, mit dem gewünschten Füllmaterial füllen und die Öffnung von Hand schließen oder die Stoffkanten mit der Nähmaschine schmalkantig zusammensteppen.

# Beutelfang

## Tasche in Origami-Falttechnik

**Größe:**
**Höhe ca. 35 cm,**
**Umfang ca. 75 cm**

## Material

**Für die Vorder- und Rückseite, den Deckeleinsatz, die Trageriemen, die Einfassblende und das Einziehband:**

- Baumwollstoffe, jeweils 115 cm breit wie folgt:

Stoff A, 110 cm
Dunkelrot-Rot-Gemustert

Stoff B, 80 cm
Dunkelblau-Mittelblau-Gemustert

Stoff C
25 cm
Blau

**Für die Einlage:**

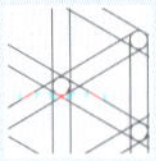

60 cm Vlieseline
Volumenvlies 280

**Zubehör:**

- Siehe Seite 6/7

**Zusätzliches Zubehör:**

- 1 Kordelstopper
- 1 spitze Nähnadel
- Evtl. 1 Taschengriff mit transparenten Kunststoffperlen, ca. 30 cm lang

## Vorbereitung

Zunächst die Schablonen ❶ – ❹ anfertigen. Dafür die Schablonen 1 – 4 von den Vorlagen abpausen, siehe Seite 6/7, Punkt 5 und 6, bzw. Grundkurs auf Seite 8.
Die Vorlagen finden Sie auf Seite 58. (Vorlage **1** und **4** inkl. 0,75 cm Nahtzugabe, an den Schablonen **2** und **3**, in Grün gezeichnet, werden keine Nahtzugaben benötigt.)

## Zuschneiden

Maße inkl. 0,75 cm Nahtzugabe.

### Für die Vorder- und Rückseite

Achtung! Beim Zuschneiden des Stoffes stets den Fadenlauf beachten. Die Pfeile innerhalb der Schablonen geben den Fadenlauf an.

19x 

19x 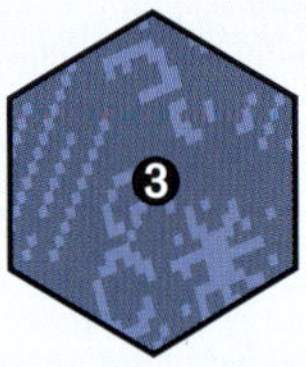

6x 

6x 

### Für die Einlagen

19x 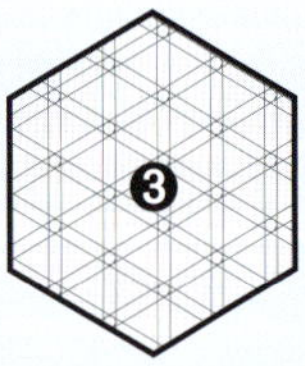

6x 

### Für den Deckeleinsatz

1x  16,5 x 76,5 cm

### Für die Trageriemen

2x 
16,5 x 75 cm

Achtung! Anstatt der Trageriemen können Sie die Tasche auch mit modischen Taschengriffen aus transparenten Kunststoffperlen versehen. Dann anstatt der Trageriemen wie folgt zuschneiden:

### Halterungen für die Taschengriffe

4x 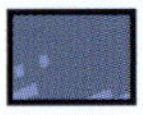 7,5 x 8 cm

### Für die Einfassblende

1x 
6,5 x 76,5 cm

### Für das Einziehband

1x 
4 x 106 cm

## Zusammensetzen der Origami-Blöcke

### Blockgröße: 15 x 15 cm

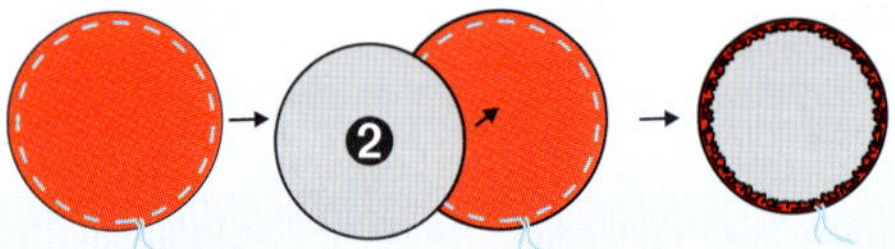

Zunächst die Nahtzugaben der Stoffkreise lt. Schablone ❶ in A ca. 4 – 5 mm von den Außenkanten entfernt mit kleinen Vorstichen aus Nähseide einreihen. Dann die Pappschablone ❷ jeweils mittig auf die linke Stoffseite eines Stoffkreises legen und den Faden so anziehen, dass sich der Stoff schön um die Schablonenkante legt. Stoffkreis mit der Pappe gut bügeln. Dann die Pappschablone vorsichtig herausnehmen. Stoffkreis nochmals bügeln. Nacheinander alle 19 Stoffkreise vorbereiten.

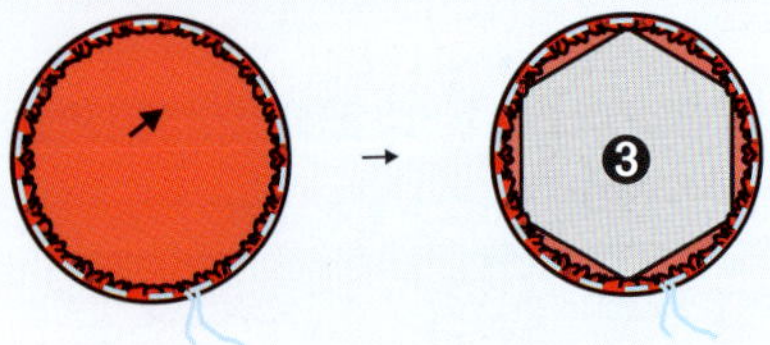

Die Sechseckschablone ❸ jeweils mittig auf die Stoffkreise legen.

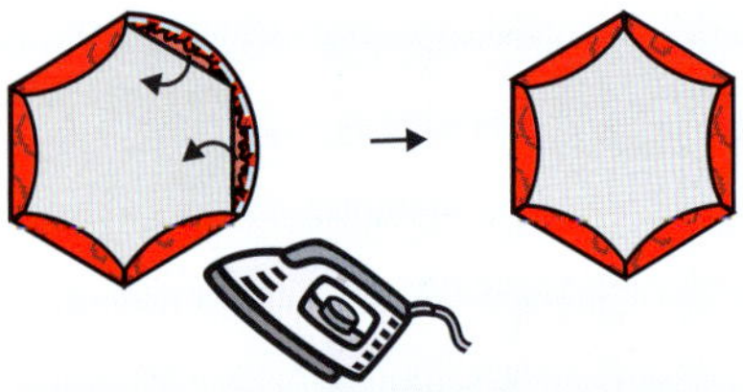

Die überstehenden Kreissegmente um die 6 Kanten der Schablone bügeln. Die Kreissegmente auffalten und die Schablone wieder herausnehmen.

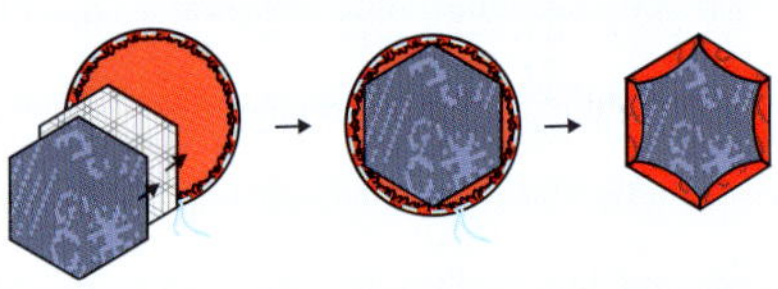

Nun jeweils zuerst das Sechseck aus dem Volumenvlies und dann das Sechseck in B einlegen. Die 6 Kreissegmente wieder um die 6 Seiten der eingefügten Sechsecke legen und feststecken, evtl. festheften. Die Kreissegmente entlang den Rundungen mit kleinen Saumstichen von Hand festnähen. Damit ist der Origami-Block beendet.

## Zusammensetzen der Vorder- und Rückseite

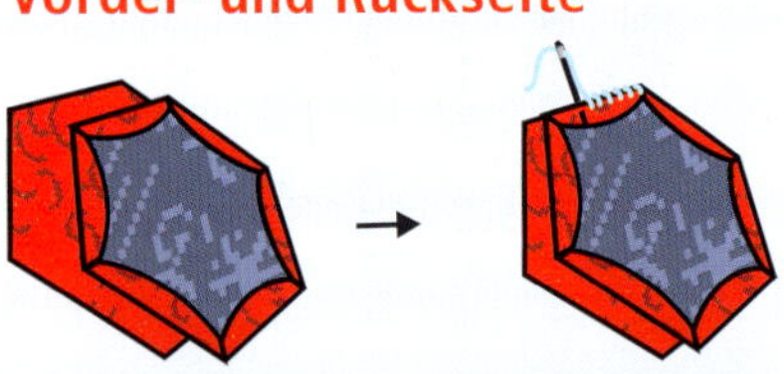

Je zwei Origami-Blöcke rechts auf rechts so zusammenlegen, dass die Kanten bündig sind. Eine Seite von Hand mit Überwendlingsstichen (in Hellblau gezeichnet) zusammennähen. Anfangs- und Endfaden jeweils gut vernähen.

2x 

Wie oben beschrieben zunächst je 2 x 6 Origami-Blöcke nebeneinander zu 2 Reihen zusammennähen.

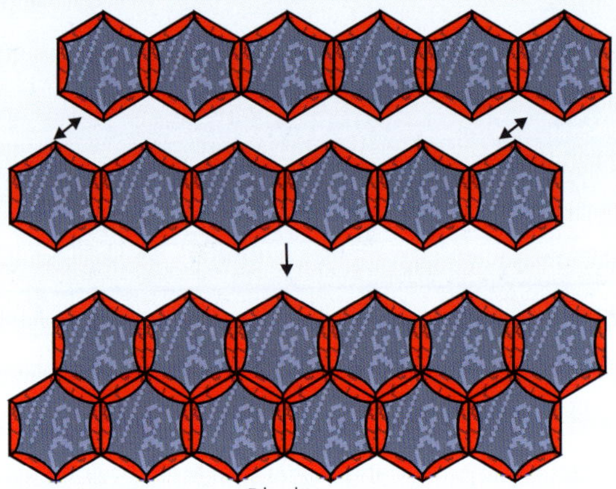

Block a

Anschließend diese 2 Reihen in gleicher Weise zum Block **a** untereinander zusammensetzen.

6x 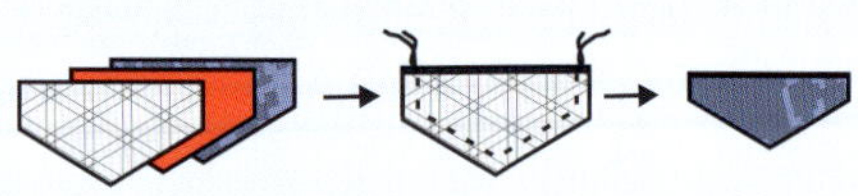

Nun 6 x je 1 Teil lt. Schablone ❹ in A und B jeweils rechts auf rechts aufeinanderlegen. Obenauf jeweils 1 Lage Volumenvlies legen. Die seitlichen und die schrägen Ränder zusammennähen und die Teile jeweils durch die offen gelassene Seite wenden.

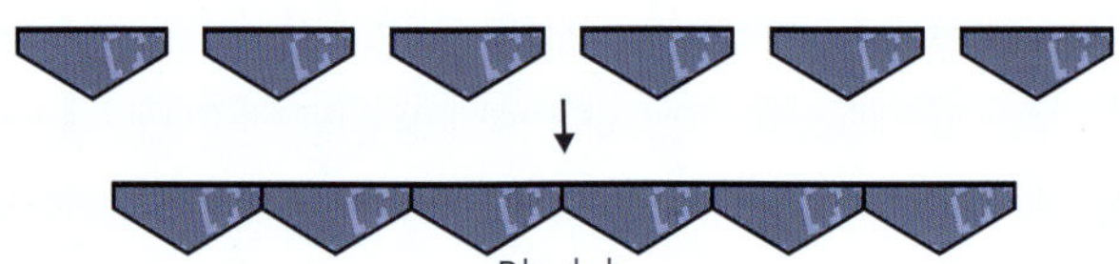

Block b

Die 6 verstürzten Teile wie bei den Origami-Blöcken beschrieben an den Schmalseiten nebeneinander zum Block **b** zusammennähen.

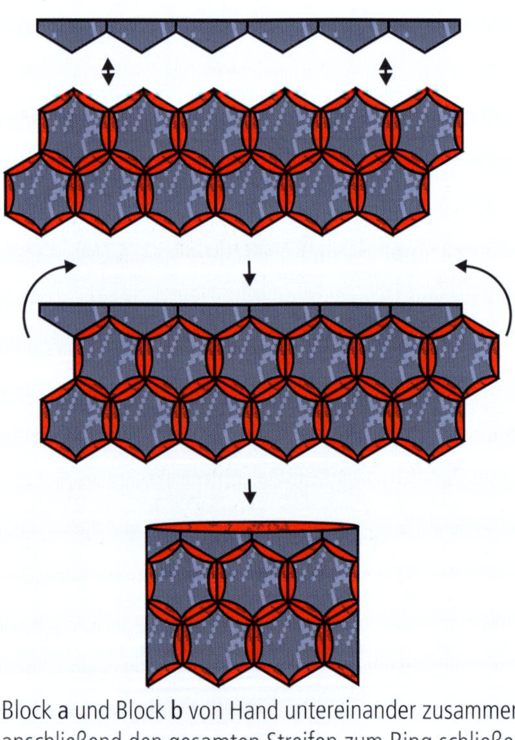

Block **a** und Block **b** von Hand untereinander zusammennähen und anschließend den gesamten Streifen zum Ring schließen.

## Zusammensetzen des Bodens

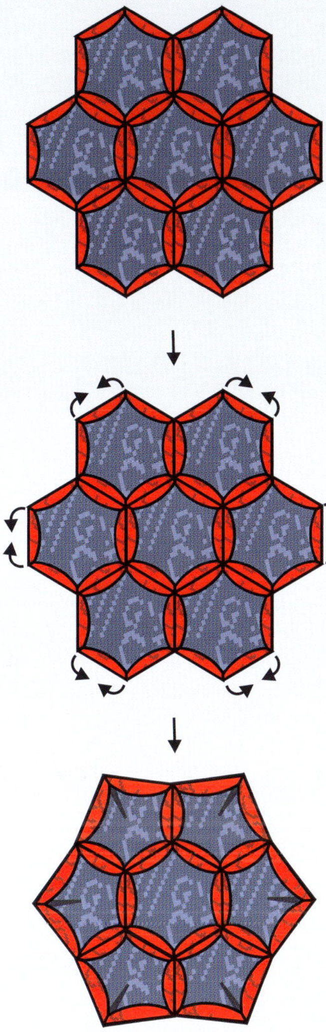

Zunächst 6 Origami-Blöcke von Hand rundum an einen mittleren Origami-Block nähen. Danach jeweils die Ecken der äußeren geraden Seite jedes Sechseckes ebenfalls mit kleinen Saumstichen von Hand zusammennähen. Es entsteht jeweils eine kleine Falte und eine neue Spitze.

## Fertigstellung

Den Boden an die Taschenvorder- und Rückseite nähen. Dabei zeigen die Falten nach innen. Das Rechteck für den Deckeleinsatz an den Schmalseiten rechts auf rechts aufeinanderlegen und zum Ring schließen, dabei die mittleren 16 cm für den Tunneldurchzug frei lassen. Die Nahtzugaben auseinanderbügeln und beidseitig mit großen Zickzackstichen in Rot absteppen. Den Ring in Längsrichtung links auf links doppelt legen und die Bruchkante im Abstand von ca. 2,5 cm für den Tunneldurchzug absteppen. Den doppelt gelegten Deckeleinsatz von innen rundum rechts auf rechts an den oberen Taschenrand heften. Für die Trageriemen oder die Halterungen die Streifen bzw. Rechtecke jeweils entlang der Längskanten rechts auf rechts aufeinanderlegen und die Trageriemen an den Längsseiten, die Halterungen an den Längsseiten und 1 Schmalseite zusammennähen. Die Streifen bzw. Rechtecke wenden und beidseitig schmalkantig absteppen. Die Tasche links auf links zusammenlegen und die Seiten mit Stecknadeln markieren. Je einen Trageriemen bzw. 1 Halterung mit den offenen Schmalseiten im Abstand von ca. 9 cm zu den Seitenmarkierungen am oberen Rand der Vorder- und Rückseite außen feststecken und evtl. anheften. Anschließend den oberen Taschenrand einfassen. Dafür zuerst die Einfassblende an den Längsseiten links auf links aufeinanderbügeln. Danach die doppelt gelegte Blende rechts auf rechts an den oberen Taschenrand stecken, dabei die offen liegende Schmalseite 0,75 cm breit nach innen schlagen. Die Blende ansteppen, dabei die Trageriemen bzw. Halterungen sowie den Deckeleinsatz mitfassen. Blende zur Hälfte nach innen wenden und mit kleinen Saumstichen von Hand annähen. Den Streifen für das Einziehband an den Längs- und Schmalseiten jeweils 0,75 cm breit nach innen bügeln, an den Längsseiten links auf links zur Hälfte bügeln und die offenen Kanten schmal zusammensteppen. Das Band in den Tunnel einziehen und die Bandenden in den Kordelstopper fädeln. Die Halbringe der Taschengriffe in die Halterungen einlegen und die Schmalseiten innen an der Blendennaht festnähen. Taschengriffe in die Halbringe einhängen.

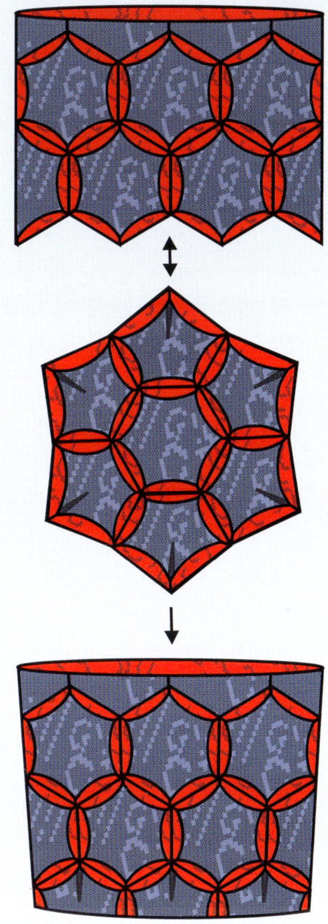

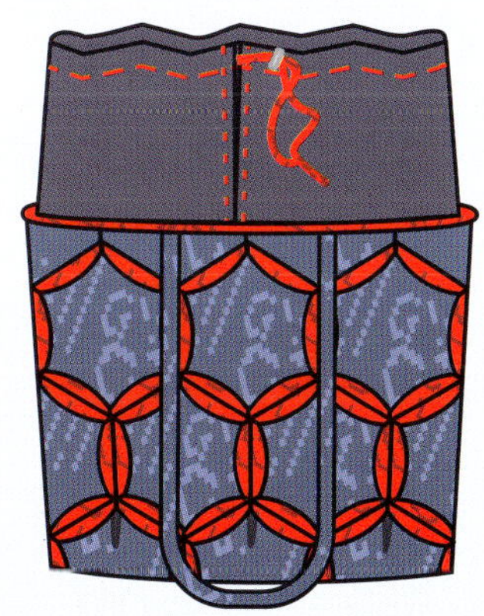

# Miniatur-ausgabe

## Tasche in Hellgrün-Gemustert

**Umfang:**
**72 x 50,5 cm**

### Material

**Für die Außentasche, das Futter, den Trageriemen und die Einfassblende:**

- Baumwollstoffe, jeweils 150 cm breit wie folgt:
  - Stoff A, 15 cm Hellgrün-Gelb-Blau-Weiß-Gemustert
  - Stoff B 70 cm Hellgrün
  - Stoff C, 20 cm Hellgrün-Gelb-Blau-Weiß-Kariert

**Für die Einlage:**

- 50 cm aufbügelbare Vlieseline Volumenvlies H640
- 45 cm aufbügelbare Vlieseline S320

**Zubehör:**

- Siehe Seite 6/7

**Zusätzliches Zubehör:**

- 1 passender Reißverschluss, 40 cm lang
- 1 Karabinerhaken, 2 cm breit

### Zuschneiden

Maße inkl. 0,75 cm Nahtzugabe.

**Für die Außentasche**

9x 10 x 10 cm — 4x 10 x 10 cm — 9x 10 x 10 cm

**Für den Trageriemen**

4x 6,5 x 10 cm — 5x 6,5 x 10 cm

**Für die Rückseite des Trageriemens**

1x 6,5 x 78 cm

**Für die Einlage der Außentasche**

1x 42 x 55 cm

**Für die Einlage des Trageriemens**

1x 6,5 x 78 cm

**Für das Futter**

Für die Außentasche

1x 42 x 55 cm

Für die aufgesetzten Futtertaschen

2x 17,5 x 32,5 cm

Für die Einlage des Futters

1x 42 x 55 cm

**Für die Einfassblende**

1x 6 x 82 cm

## Zusammensetzen der Außenseite

### Quadratgröße: 8,5 x 8,5 cm

Zunächst die Quadrate wie abgebildet nebeneinander zu 6 Reihen zusammensetzen.

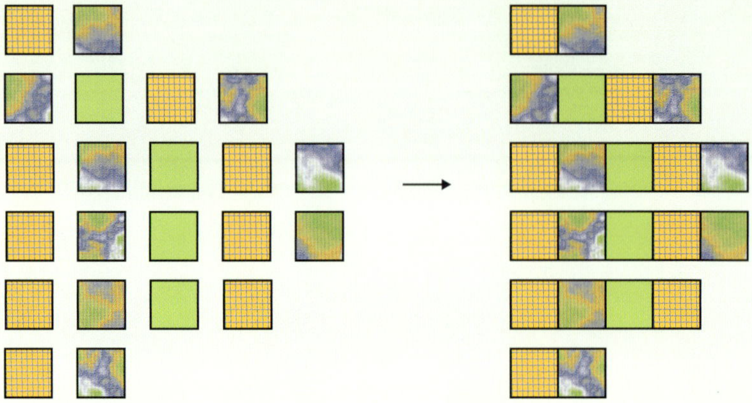

Dann die 6 Reihen untereinander zusammensetzen, dabei die Reihen versetzen.

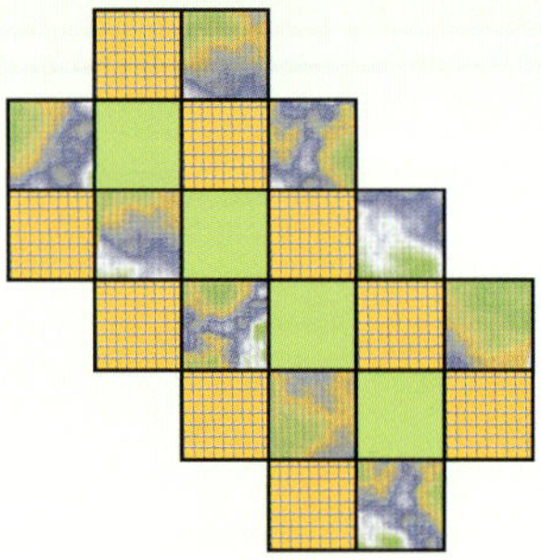

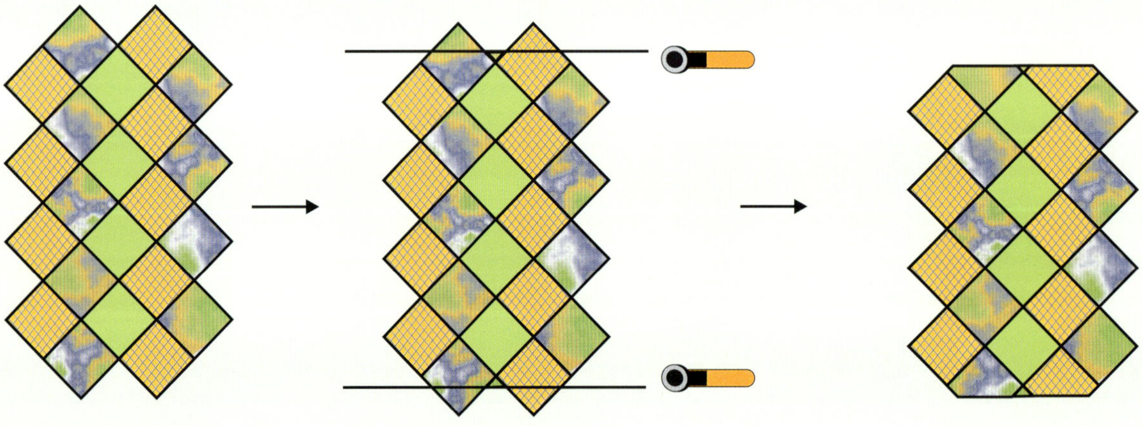

Die zusammengesetzte Außenseite um 45° nach rechts drehen und den oberen sowie den unteren Rand begradigen, dabei die Nahtzugabe von 0,75 cm stehenlassen.

## Zusammensetzen des Trageriemens

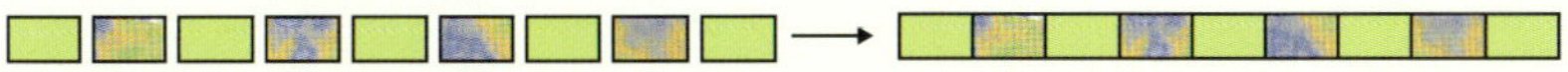

Abwechselnd je 5 Rechtecke in **B** und 4 Rechtecke in **A** jeweils an den Schmalseiten nebeneinander zusammensetzen.

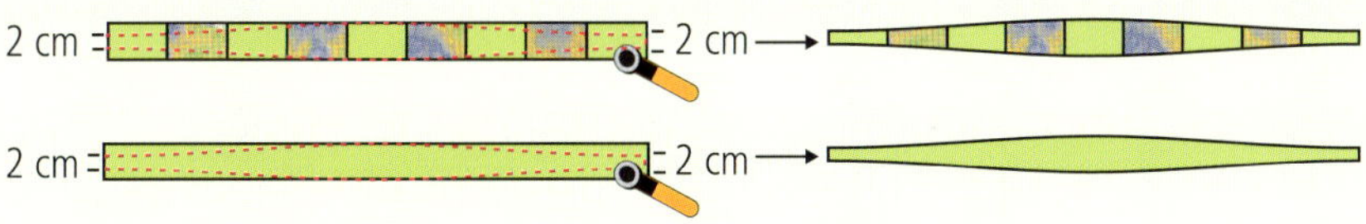


Den zusammengesetzten Streifen sowie den Streifen für die Rückseite jeweils zu den Enden hin auf eine Breite von 2 cm verjüngen.

**Tipp:** Damit die Trageriemen identisch werden, am besten den zusammengesetzten Streifen für die Rückseite aufeinanderlegen und erst dann die Enden auf eine Breite von 2 cm verjüngen.

## Zusammensetzen der Lagen

Siehe Grundkurs auf Seite 11, dabei wird in diesem Modell nur Volumenvlies auf die linke Seite der Außentasche gebügelt (ohne Rückseitenstoff).

## Quilten

Alle Nähte in den Nahtlinien und nochmals beidseitig je 0,75 cm von den Nahtlinien entfernt quilten.

## Fertigstellung

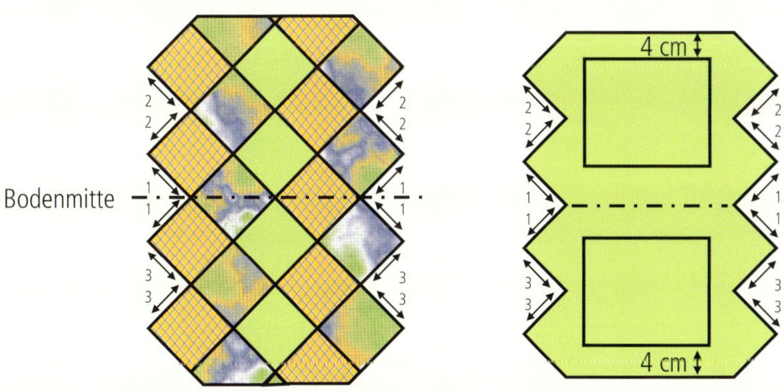


Nach dem Quilten die Einlage auf Außenseitengröße zurückschneiden. Das Futter mit der Vlieseline verstärken und auf Außenseitengröße zuschneiden. Für die **Außenseite** nun zunächst beidseitig die schrägen Kanten entsprechend den Passzahlen **1**, **2** und **3** jeweils rechts auf rechts aufeinanderstecken und zusammennähen. Die Außentasche wenden. Die Rechtecke für die aufgesetzten **Futtertaschen** an den Schmalseiten rechts auf rechts aufeinanderlegen und die 3 offenen Seiten zusammennähen, dabei ein Stück zum Wenden offen lassen. Die Futtertaschen wenden, die Öffnungen schließen und die Taschen lt. Schemazeichnung auf das Futter nähen. Das **Futter** wie bei der Außentasche beschrieben seitlich zusammennähen und links auf links in die Außentasche schieben. Die beiden Teile an den oberen Rändern zusammenheften. **Reißverschluss** öffnen und von innen links auf rechts an den oberen Rand stecken, dabei sind die Reißverschlusszähnchen in die Tasche gerichtet. Dann den oberen Taschenrand einfassen. Dafür zuerst die **Einfassblende** an den Längsseiten links auf links aufeinanderbügeln. Danach die doppelt gelegte Blende – lt. 2. Methode des Versäuberns im Grundkurs auf Seite 13 – rundum annähen, dabei wird der Reißverschluss mitgefasst. Den zusammengesetzten Streifen für die Trägeroberseite mit Volumenvlies unterbügeln. Volumenvlies bündig mit der Trägeroberseite zurückschneiden. Beide **Trägerstreifen** rechts auf rechts aufeinanderlegen und zusammennähen, dabei an einer Längsseite ein Stück zum Wenden offen lassen. Streifen wenden. Offen gelassene Naht schließen. Außenkanten knappkantig und nochmals 1 cm breit absteppen. Den **Trageriemen** zunächst unterhalb des Reißverschlusses ca. 6 cm breit auf die sich ergebende Seitennaht steppen. Dann die gegenüberliegende Schmalkante in den Karabinerhaken einlegen und annähen. Den Reißverschluss schließen und den Karabiner in die Öse des Zippers einhängen.

# Loden in Sommerlaune

## Walklodentasche in Pastellfarben

**Größe:**
**25 x 25 x 13 cm**
(ohne Trageriemen)

### Material

**Für die Außentasche und die Trageriemen:**

- Walkloden, jeweils 150 cm breit wie folgt:

Stoff A
35 cm
Altrosé

Stoff B
15 cm
Hellrosé

Stoff C
15 cm
Hellblau

**Für das Futter:**

- Baumwollstoff, 140 cm breit:

Stoff D, 35 cm
Hellblau-Hellgrün-Braun-Rosé-Gestreift

**Für die Einlage:**

55 cm aufbügelbares Vlieseline Volumenvlies H630

30 cm Filmoplast = selbstklebendes Stickvlies

Fortsetzung der Materialien siehe Seite 26

### Vorbereitung

Zunächst die Schablone ❶ anfertigen. Dafür die Schablone von der Vorlage abpausen, siehe Seite 6/7, Punkt 5 und 6 bzw. Grundkurs auf Seite 8.
Die Vorlage finden Sie auf Seite 59, es wird keine Nahtzugabe benötigt.

### Zuschneiden

Maße inkl. 1 cm Nahtzugabe. An den Patchworkquadraten innerhalb der Blöcke werden keine Nahtzugaben benötigt.

**Für 2 Patchworkblöcke**

15x 4,5 x 4,5 cm

2x 9 x 9 cm

15x 4,5 x 4,5 cm

2x 9 x 9 cm

10x 4,5 x 4,5 cm

4x 9 x 9 cm

1x ❶

2x 28 x 28 cm

Mansfield
von der Liebe

Fortsetzung der Materialien:

**Zubehör:**
- Siehe Seite 6/7

**Zusätzliches Zubehör:**
- Wollstickgarn „Lana" in Graublau
- Maschinenstickerei für Wollstickgarn
- 1 Knopf in Beige, 2 cm Ø
- 1 Magnetknopf

**Für die Einlage der Vorder- und Rückseite**

2x 32 x 32 cm

**Für den Seiten- und Bodenstreifen**

1x 15 x 77 cm

**Für die Einlage des Boden-Seitenstreifens**

1x 15 x 77 cm

**Für die Trageriemen**

4x 7 x 84 cm

**Für die Einlage der Trageriemen**

4x 7 x 84 cm

**Für die Futtervorder- und Rückseite**

2x 27 x 27 cm

**Für den Futterseiten- und Bodenstreifen**

1x 15 x 77 cm

**Für die Futterinnentasche**

1x 14 x 28 cm

## Zusammensetzen der 2 Patchworkblöcke

**Blockgröße: 25 x 25 cm**

Patchworkblock Vorderseite

Patchworkblock Rückseite

Zunächst die Lodenquadrate für die Vorder- bzw. die Rückseite offenkantig Stoß auf Stoß auf das Filmoplast kleben.

## Quilten

Alle innen liegenden Schnittkanten mit 3 – 4 verschiedenen Maschinen-Zierstichen aus dem Wollstickgarn übernähen. **Achtung!** Da das Wollstickgarn viel dicker als normales Maschinenstickgarn ist, sollten Sie die spezielle Wollsticknadel verwenden und Zierstiche mit geringer Stichdichte auswählen. Für den Unterfaden jeweils Nähgarn in der passenden Farbe aufspulen.

## Fertigstellung

Das Filmoplast jeweils auf Blockgröße zurückschneiden. Die Patchworkblöcke, den Seiten- und Bodenstreifen sowie die Streifen für die Trageriemen jeweils mit Volumenvlies unterbügeln. Alle Außenkanten mit schmalen Zickzackstichen oder einer Overlock-Nähmaschine versäubern. Die **Blume** mit Quiltstichen von Hand auf das hellroséfarbene große Quadrat des Patchworkblockes für die Vorderseite nähen. Den **Seiten-** und **Bodenstreifen** jeweils rechts auf rechts an die seitlichen Ränder und den unteren Rand der Patchworkblöcke für die Vorder- bzw. die Rückseite stecken. Die Teile an den 3 Seiten zusammennähen, dabei an den Ecken jeweils 1 cm vor der Schnittkante stoppen und die Nahtzugabe des Streifens bis dicht zum letzten Steppstich schräg einschneiden. Nun den Patchworkblock um 90° drehen und bis zur nächsten Ecke nähen. Dort in gleicher Weise arbeiten. Die Außentasche wenden. Für die **Trageriemen** die Streifen jeweils rechts auf rechts aufeinanderlegen und entlang der Längskanten zusammennähen. Streifen wenden und beidseitig steppfüßchenbreit absteppen. Je einen Trageriemen beidseitig von außen an den oberen Rand der Vorder- bzw. Rückseite jeweils mittig auf die Ansatznaht von Patchworkblock zum Seitenstreifen stecken und evtl. festheften. Das Rechteck für die **aufgesetzte Futterinnentasche** an den Schmalseiten rechts auf rechts aufeinanderlegen und die 3 offenen Seiten zusammennähen, dabei an einer seitlichen Naht ein Stück zum Wenden offen lassen. Die Futterinnentasche wenden und mittig auf die Futtervorderseite nähen. Das **Futter** wie bei der Außentasche beschrieben zusammennähen, dabei ein Stück zum Wenden offen lassen. Für den **Taschen-Verschluss** die 1. Hälfte des Magnetknopfes mittig, mit ca. 4 cm Abstand zum oberen Rand auf der rechten Seite des Futtervorderteiles befestigen. Dafür entsprechend der beiden Metallflügeln des Magnetknopfes zwei Markierungen mit Kreide aufzeichnen. Die Stelle auf der linken Stoffseite ggf. mit einem ca. 4 x 4 cm großen Stück Vlieseline verstärken. Nun an den Markierungen zwei kleine Schlitze in den Stoff schneiden und den Magnetknopf anbringen. Die 2. Hälfte des Magnetknopfes wie oben beschrieben gegenüberliegend auf der Futterrückseite anbringen. Die Futtertasche rechts auf rechts über die Außentasche schieben. Beide Teile an den oberen Rändern zusammennähen, dabei werden die Trageriemen mitgefasst. Die Tasche durch die Futteröffnung wenden und die Öffnung schließen. Den oberen Taschenrand steppfüßchenbreit absteppen und den Knopf von Hand auf die Blume nähen.

# Strandgut

## Tasche in Blautönen

**Größe:**
**31 x 36 x 8 cm**
(ohne Trageriemen)

## Material

**Für die Außentasche, das Futter, die aufgesetzte Tasche, die Verschlussklappe, den Trageriemen und die Einfassblenden:**

- Baumwollstoffe, jeweils 115 cm breit wie folgt:
  - Stoff A, 25 cm Helltürkis-Gebatikt
  - Stoff B 25 cm Grün-Gebatikt
  - Stoff C, 60 cm Mittelgrün-Grün-Türkis-Gebatikt
  - Stoff D, 70 cm Blau-Grün-Tükis-Gebatikt
  - Stoff E, 125 cm Dunkelblau-Gebatikt

**Für die Einlage:**

- 75 cm Vlieseline Volumenvlies H630
- 50 cm aufbügelbare Vlieseline H250

**Zubehör:**
Siehe Seite 6/7

**Zusätzliches Zubehör:**

- 1 passender Reißverschluss, 25 cm lang
- 1 Magnetknopf
- Schnittpapier mit aufgedrucktem Karoraster

### Vorbereitung

Zunächst die Schnittteile ❶ – ❺ anfertigen. Dafür die Schnittteile abpausen, siehe Seite 6/7 Punkt 5 und 6 bzw. Grundkurs auf Seite 8. Die Schnittteile finden Sie auf Seite 58/59.

### Zuschneiden

Maße inkl. 0,75 cm Nahtzugabe.

**Für die Außentasche, den Trageriemen und die aufgesetzte Tasche**

Für 28 Patchworkblöcke

7x 15 x 18 cm

7x 15 x 18 cm

7x 15 x 18 cm

7x 15 x 18 cm

**Für den Taschenboden**

2x 5,5 x 40,5 cm

**Für die Zwischenstreifen des Trageriemens**

8x 3,5 x 12 cm

**Für die Randstreifen des Trageriemens**

4x 5 x 61,5 cm

**Für die Randeinfassungen des Trageriemens und der Taschenrundungen**

2x 6,5 x 151 cm

Für diese Streifen zunächst 4 Streifen von je 6,5 cm x 85 cm zuschneiden und an den Schmalseiten, wie im Grundkurs auf Seite 13 beschrieben, zusammennähen. Anschließend 2 Stücke von je 151 cm Länge abschneiden.

**Für die Rückseite des Trageriemens**

2x ❸

2x ❸

**Für die Randstreifen der aufgesetzten Tasche**

2x 4,75 x 27,5 cm

**Für die Rückseite der aufgesetzten Tasche**

1x 20 x 30 cm

1x 20 x 30 cm

**Für die Einfassblende der aufgesetzten Tasche**

2x 6,5 x ca. 80 cm

**Für die Verschlussklappe**

3x 5,5 x 14,5 cm

**Für die Rückseite der Verschlussklappe**

1x ❺ 1x ❺ 1x ❺

**Für das Futter**

2x ❶ 2x ❶

2x ❶

**Für die Innentaschen**

2x 20 x 55 cm

## Zusammensetzen der 28 Patchworkblöcke

**Blockgröße: 13 x 10,5 cm**

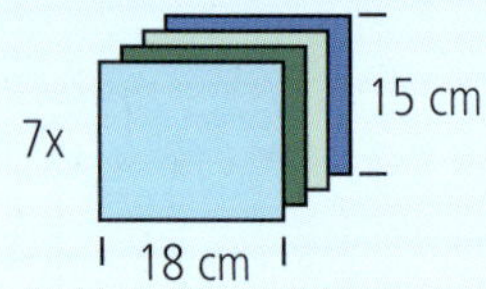


Zuerst je 1 Rechteck in A, B, C und D jeweils mit der rechten Seite nach oben kantenbündig aufeinanderlegen.

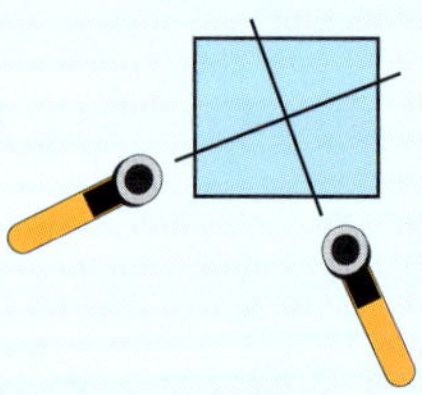

Danach die 4 Lagen 1x vom linken seitlichen zum rechten seitlichen Rand und 1x vom unteren zum oberen Rand durchschneiden, dabei die entstehenden Teile stets liegenlassen.

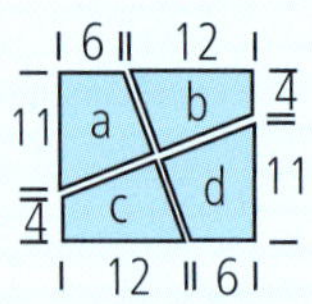


Es entstehen 4 Stapel mit je 4 identischen Formen = a, b, c und d.

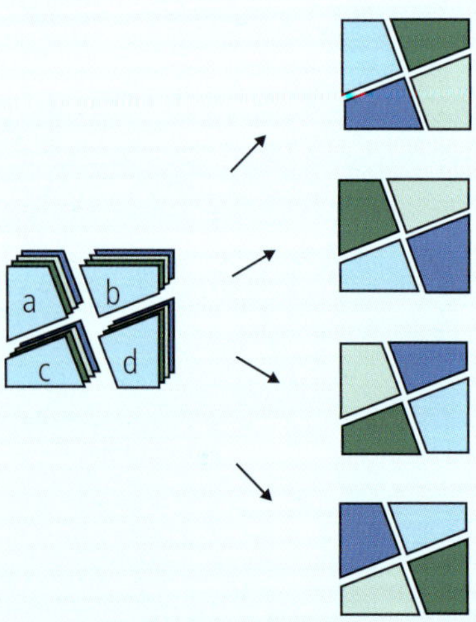


Nun je 4 x 1 Teil a, b, c und d zu einem neuen Rechteck anordnen, indem die einzelnen Teile ausgetauscht werden. Dabei darauf achten, dass jede der 4 verschiedenen Farben in jedem Block nur 1 x verwendet wird.

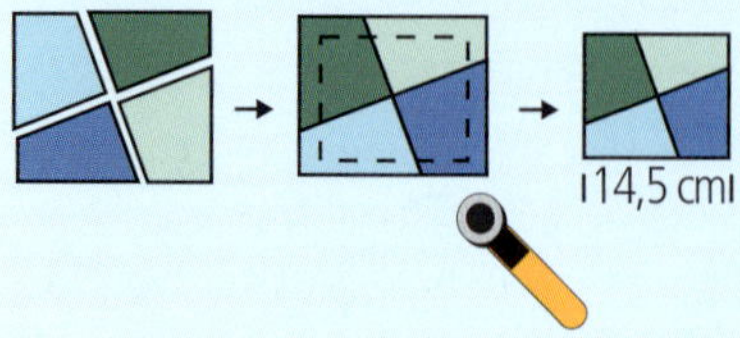


Nun bei jedem neu angeordneten Block zunächst die Teile a und b bzw. c und d zu 2 Reihen zusammennähen. Überstehende Kanten begradigen. Anschließend die 2 Reihen zum gesamten Patchworkblock zusammensetzen. Zuletzt die Blöcke auf 14,5 x 12 cm zuschneiden. Diesen Vorgang noch 6 x mit den übrigen Rechtecken in A – D wiederholen. Es entstehen 28 Patchworkblöcke. Davon werden je 9 Patchworkblöcke für die Vorder- und Rückseite, 8 Patchworkblöcke für die Trageriemen und 2 Patchworkblöcke für die aufgesetzte Tasche benötigt.

## Zusammensetzen der Außenseite

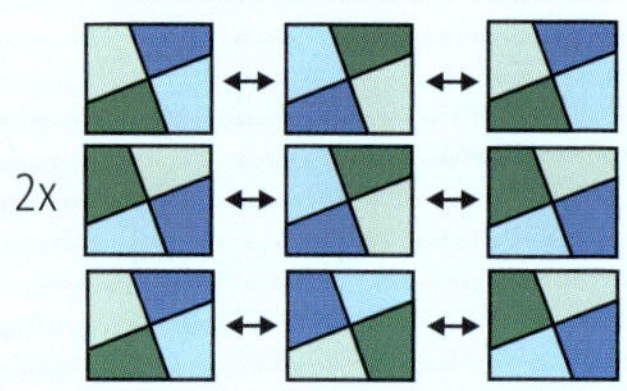


Zunächst für die Vorderseite je 3 Patchworkblöcke nebeneinander zu 3 Reihen zusammensetzen.

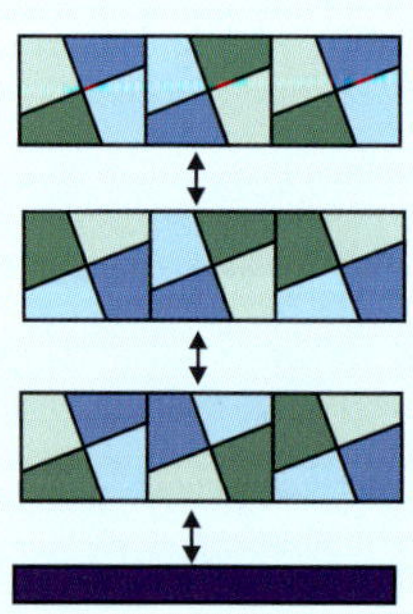

Dann die 3 Reihen und einen Bodenstreifen in E untereinander zur gesamten Vorderseite zusammensetzen.

Die Rückseite mit 9 weiteren Blöcken und 1 Streifen E entsprechend arbeiten.

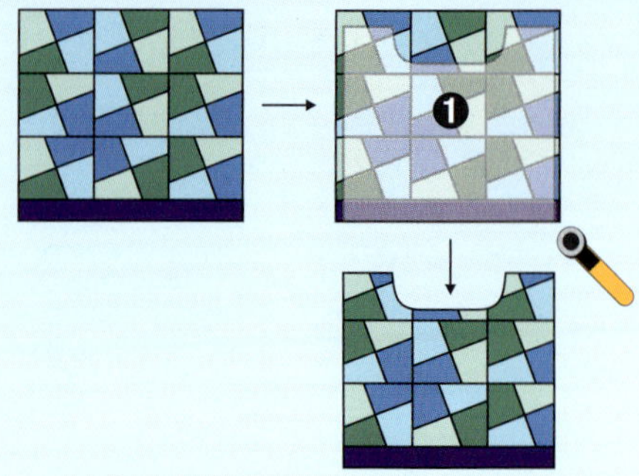


Das Schnittteil ❶ jeweils auf die Vorder- bzw. Rückseitenfläche auflegen und die Teile lt. Schnittteil 1 zuschneiden.

## Zusammensetzen des Trageriemens

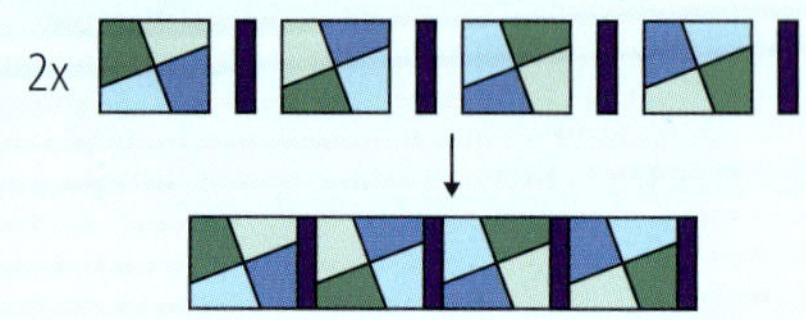


Für die inneren abgeschrägten Streifen zunächst abwechselnd 2 x je 4 Patchworkblöcke und 4 Streifen in E jeweils nebeneinander zusammensetzen.

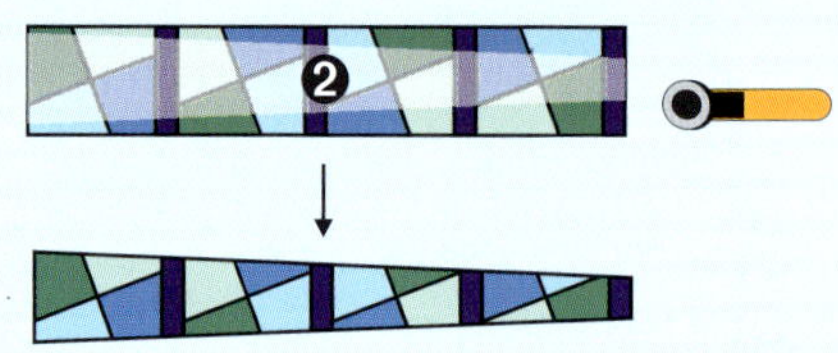


Das Schnittteil ❷ mittig auflegen und die Streifen entsprechend zuschneiden.

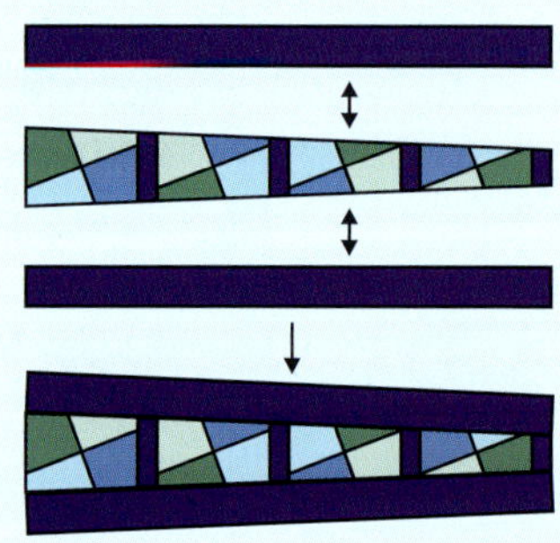

Danach je 2 Randstreifen in E an die oberen und unteren Streifenränder nähen.

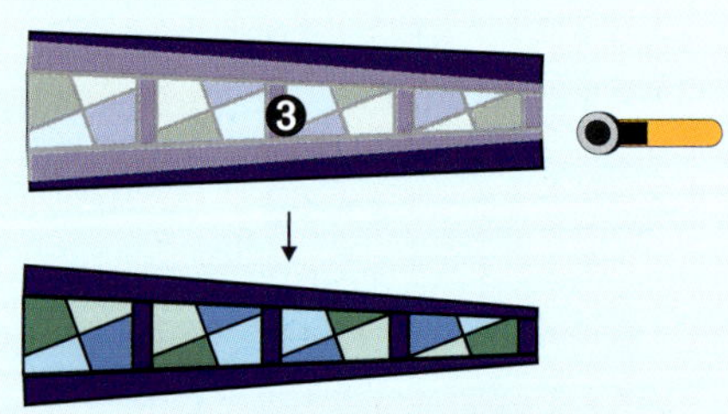


Das Schnittteil ❸ auflegen und die Träger zuschneiden.

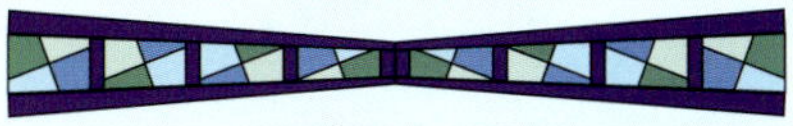

Beide Trägerhälften rechts auf rechts aufeinanderlegen und an den kürzeren Schmalseiten zusammennähen.

## Zusammensetzen der aufgesetzten Tasche

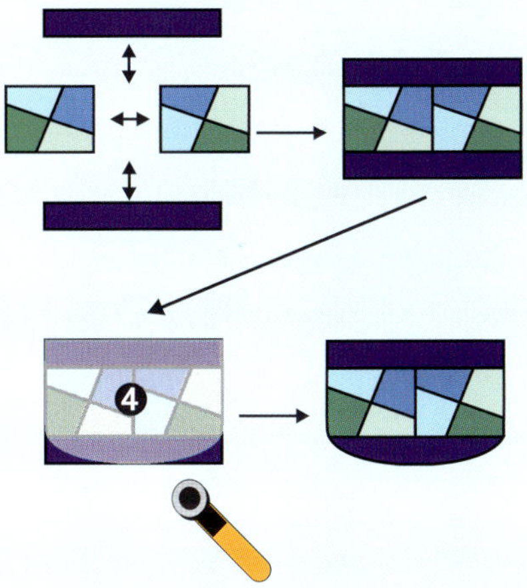

Für die aufgesetzte Tasche zunächst 2 Patchworkblöcke und 2 Streifen in **E** zusammensetzen, danach das Schnittteil ❹ auflegen und die Tasche entsprechend zuschneiden.

## Zusammensetzen der Verschlussklappe

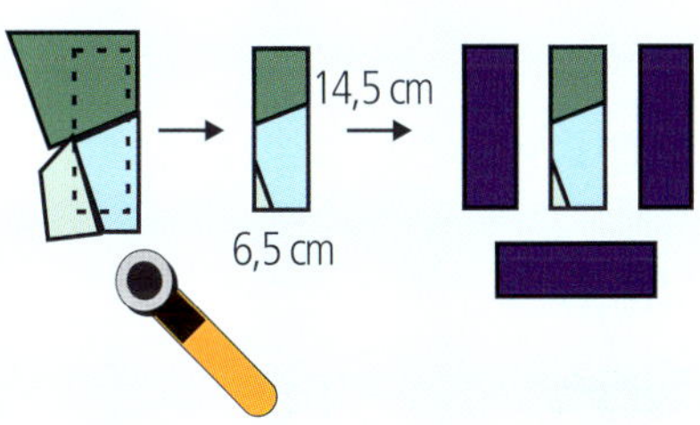


Reststücke in **A**, **C** und **D** zusammennähen und daraus einen Streifen von 6,5 cm x 14,5 cm schneiden. Diesen Streifen und 2 Streifen in **E** nebeneinander zusammennähen.

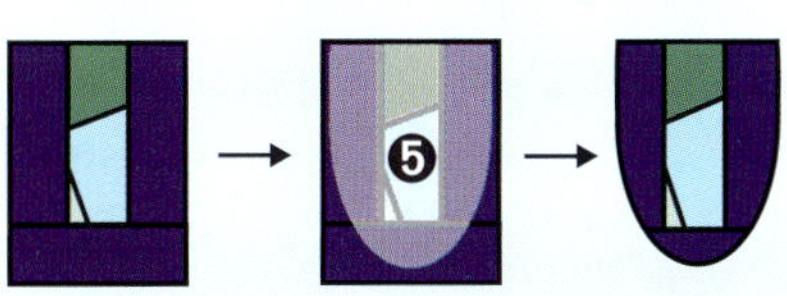

Anschließend am unteren Rand einen weiteren Streifen in **E** ansetzen. Das Schnittteil ❺ auflegen und die Verschlussklappe zuschneiden.

## Zusammensetzen der Lagen

Siehe Grundkurs auf Seite 11, dabei werden in diesem Modell die Taschenaußenseiten, der Trageriemen und die Verschlussklappe nur mit Volumenvlies unterlegt (ohne Rückseitenstoff), die aufgesetzte Tasche wird wie beschrieben gearbeitet.

## Quilten

Die Außenseiten, den Trageriemen, die aufgesetzte Tasche und die Verschlussklappe jeweils mit Schlangenlinien in Freihand-Maschinenquilttechnik quilten.

## Fertigstellung

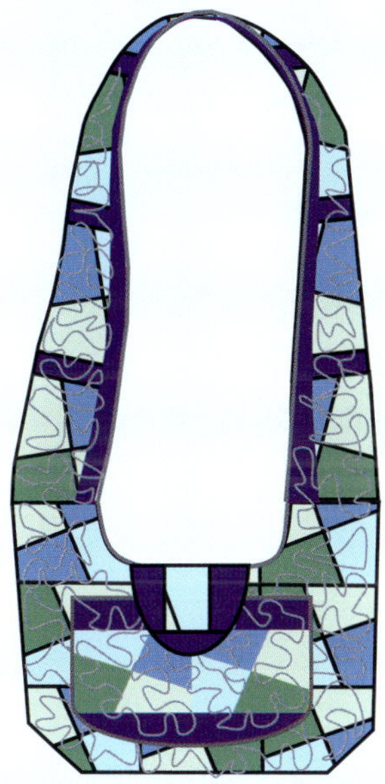

Nach dem Quilten die Einlage jeweils auf Vorderteilgröße zurückschneiden. Die Futterteile und die Verschlussklappenrückseite mit Vlieseline verstärken. Nun die Außenkanten aller Teile mit schmalen Zickzackstichen oder einer Overlock-Nähmaschine versäubern. Die Außenkanten der **aufgesetzten Tasche** einfassen. Dafür zuerst die Einfassblende an den Längsseiten links auf links aufeinanderbügeln. Danach die doppelt gelegte Blende – lt. 2. Methode des Versäuberns im Grundkurs auf Seite 13 – rundum an die Tasche nähen. Dann für den Klappen-Verschluss das untere Teil des Magnetknopfes mittig, mit ca. 4,5 cm Abstand zum oberen Rand auf der rechten Seite der aufgesetzten Tasche befestigen. Dafür entsprechend der beiden Metallflügel des Magnetknopfes 2 kleine Schlitze in den Stoff schneiden und den Magnetknopf anbringen. Nun den Reißverschluss öffnen und das Trägerband der 1. Reißverschluss-Hälfte rechts auf rechts am oberen Rand unter die Vordertasche steppen, dabei zeigen die Reißverschlusszähnchen nach oben. Reißverschluss schließen und die Tasche auf die Vorderseite legen. Den oberen Taschenrand feststecken, dann die Vorderseite nach oben klappen, so dass der Reißverschluss sichtbar wird. Den oberen Rand der aufgesetzten Tasche rechts auf links auf die Vorderseite, jedoch rechts auf rechts auf die 2. Reißverschlusshälfte legen und in den Nahtlinien der Einfassblende an die 2. Reißverschlusshälfte nähen. Die Vorderseite und die aufgesetzte Tasche nach rechts unten klappen und die aufgesetzte Tasche in der restlichen Einfassblende aufsteppen. Zunächst die Rückseite der **Verschlussklappe** mit der Vlieseline verstärken. Dann die 2. Hälfte des Magnetknopfes wie oben beschrieben mittig, mit ca. 4 cm Abstand zur Klappenspitze befestigen. Die beiden Verschlussklappenteile rechts auf rechts aufeinanderlegen und entlang der Rundung zusammennähen. Klappe wenden, die Kante 2x im Abstand von 0,75 cm absteppen und in den Nahtlinien der Längsstreifen durchsteppen. **Taschenvorder-** und **Rückseite** rechts auf rechts aufeinanderlegen und die Seitennähte sowie die Bodennaht schließen. Für den Boden die Seitennähte jeweils rechts auf rechts auf die Bodennaht legen und beidseitig je ein Dreieck von 8 cm quer abnähen. Den Trageriemen beidseitig rechts auf rechts an die oberen Schmalkanten der Tasche nähen. Die Rechtecke für die **Futtertaschen** an den Schmalseiten rechts auf rechts aufeinanderlegen und die 3 offenen Seiten zusammennähen, dabei ein Stück zum Wenden offen lassen. Die Futtertaschen wenden und jeweils mittig auf die Futterteile nähen. Die Teile für die Rückseite des Trageriemens an den kürzeren Schmalseiten zusammennähen. Das Futter wie bei der Außentasche beschrieben arbeiten und links auf links in die Außentasche schieben. Die beiden Teile an den Rändern zusammenheften, dabei die Verschlussklappe mittig rechts auf rechts am oberen Rand der Rückseite mitfassen. Taschen- und Trageriemenränder mit den Blendenstreifen wie bei der aufgesetzten Tasche beschrieben einfassen, dabei nach Wunsch zum Annähen der Kante einen Maschinen-Zierstich verwenden.

# Streifen ganz ladylike

## Halbrunde Streifentasche

**Größe: 28 x 23 cm**
(ohne Griff)

## Material

**Für die Außentasche und das Futter:**

- Baumwollstoffe, jeweils 150 cm breit wie folgt:

Stoff A
10 cm
Grün

Stoff B
10 cm
Hellblau

Stoff C
50 cm
Hellgrün

Stoff D
10 cm
Orange

Stoff E
10 cm
Hellorange

Stoff F
10 cm
Hellgelb

**Für die Einlage:**

30 cm aufbügelbares Vlieseline Volumenvlies H630

10 x 15 cm aufbügelbare Vlieseline H250

Fortsetzung der Materialien siehe Seite 34

### Vorbereitung

Zunächst die Schnittteile ❶ und ❷ anfertigen. Dafür die Schnittteile abpausen (= Schnittteil 2 ist Grün gezeichnet) siehe Seite 6/7, Punkt 5 und 6, bzw. Grundkurs auf Seite 8.
Die Schnittteile finden Sie auf Seite 58.

### Zuschneiden

Maße inkl. 0,75 cm Nahtzugabe.

**Für Vorder- und Rückseite der Außentasche:**

2x
2x
2x
2x
2x
2x
3,5 x 80 cm

**Für den geruschten Streifen**

2x
3,5 x 24 cm

**Für die Reißverschlusseinfassung**

2x
4 x 28 cm im schrägen Fadenlauf

2x
4 x 5 cm

**Für die Griffbefestigung**

4x
4 x 12 cm

**Für das Futter**

2x
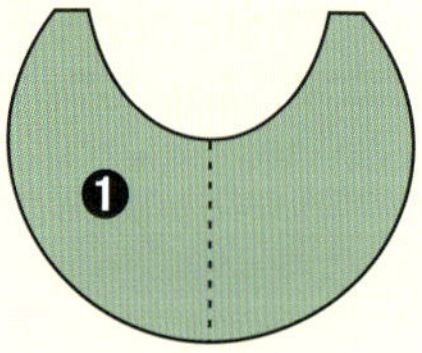


**Für die Einlage**

2x
27 x 33 cm

2x
4 x 12 cm

Fortsetzung der Materialien:

**Zubehör:**
- Siehe Seite 6/7

**Zusätzliches Zubehör:**
- 1 Reißverschluss in Hellblau, 25 cm lang
- 1 Tragegriff aus Holz mit geflochtener Baumwollkordel, ca. 20 cm breit
- 6 Strasssteine zum Aufnähen, 1,3 cm Ø, 3 x in Orange, je 1x in Hellblau, Weiß und Grün
- 2 Strassknöpfe mit Stiel, 1,5 cm Ø, je 1x in Hellblau und Grün

## Zusammensetzen der Außenseiten

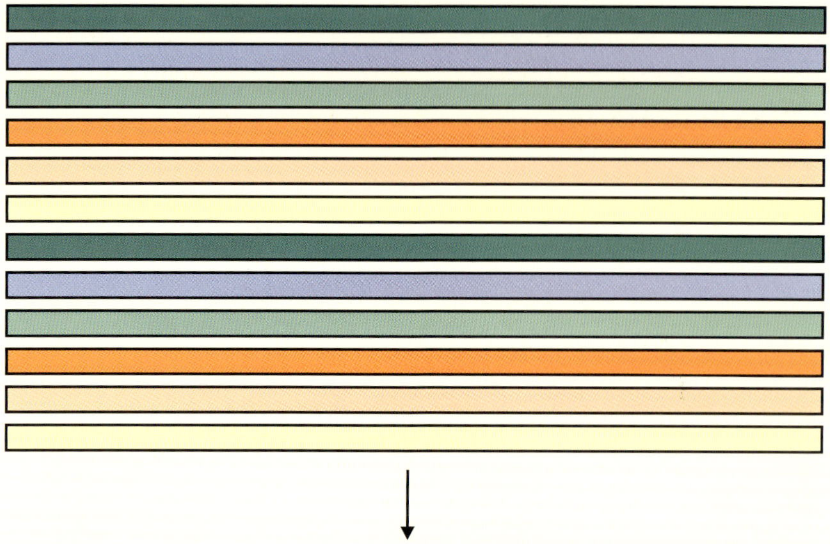

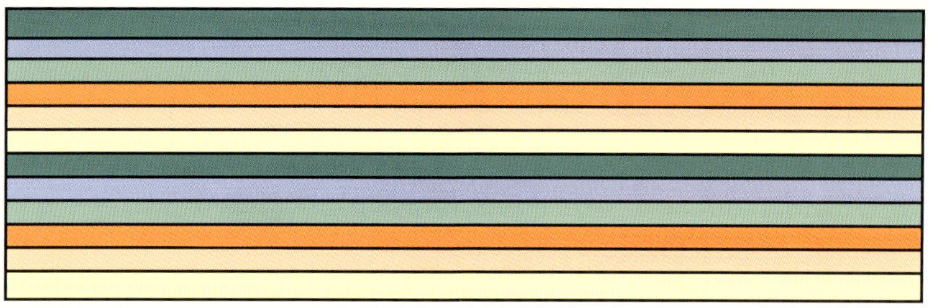

Zuerst nacheinander je 1 Streifen in **A, B, C, D, E, F, A, B, C, D, E,** und **F** jeweils an den Längsseiten zur Streifenfläche zusammennähen. Zum Ausbügeln der Nähte die Hinweise im Grundkurs auf Seite 10/11 beachten.

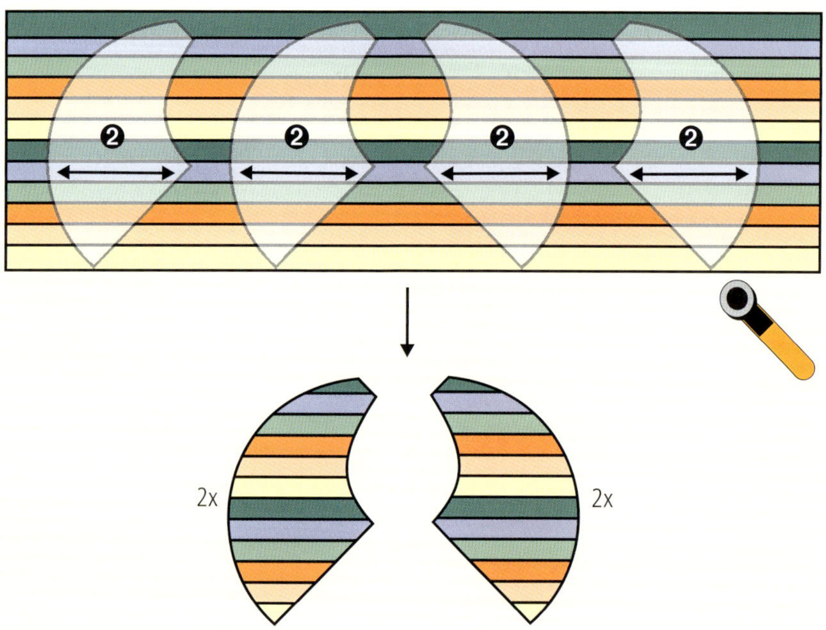


Nun aus der Streifenfläche 4 Taschenhälften lt. Schnittteil ❷ schneiden, dabei 2x das Schnittteil seitenverkehrt auflegen.

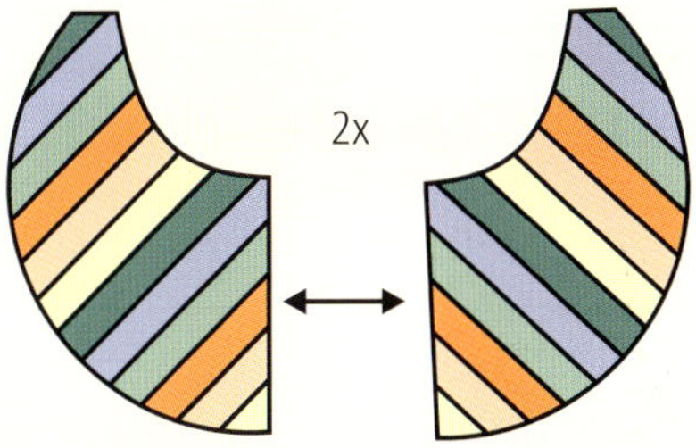


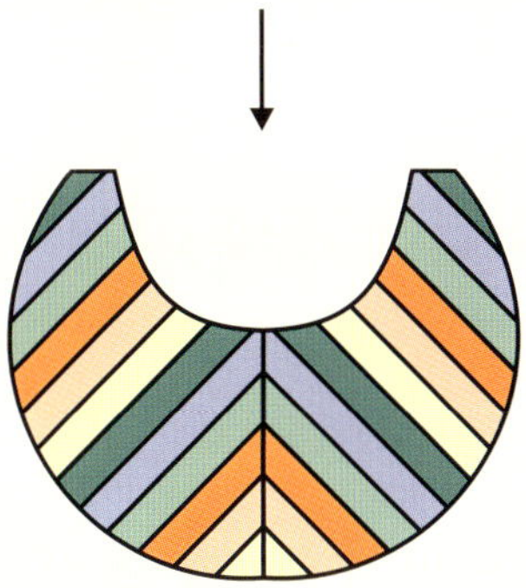

Je 2 Taschenhälften nebeneinander zusammennähen.

## Fertigstellung

## Zusammensetzen der Lagen

Siehe Grundkurs auf Seite 11, dabei wird in diesem Modell nur Volumenvlies auf die linke Seite der Außenseiten gebügelt (ohne Rückseitenstoff).

## Quilten

Alle Nähte in den Nahtlinien quilten. Eine Erklärung zum Quilten finden Sie im Grundkurs auf Seite 11/12.

Nach dem Quilten die Einlagen jeweils auf Außenseitengröße zurückschneiden. Alle Außenkanten mit schmalen Zickzackstichen oder einer Overlock-Nähmaschine versäubern. Für den **gerüschten Streifen** die beiden Streifen rechts auf rechts aufeinanderlegen und entlang der Längskanten zusammennähen. Den Streifen wenden. Danach in Längsrichtung mittig einen Kräuselfaden einsteppen und den Streifen auf ca.15 cm einkräuseln. Den Streifen auf die mittlere Teilungsnaht einer Taschenhälfte = Vorderseite steppen. **Vorder-** und **Rückseite** der Außentasche rechts auf rechts aufeinanderlegen und die untere Naht schließen. Die Nahtzugaben mehrmals quer zur Naht bis knapp vor die Stepplinie einschneiden. Außentasche wenden. Die **Futtertaschenteile** rechts auf rechts aufeinanderlegen und die untere Naht schließen, dabei ein Stück zum späteren Wenden offen lassen. Nahtzugaben, wie bei der Außentasche beschrieben einschneiden. Die **Außentasche** rechts auf rechts in das Futter schieben, die beiden Teile am oberen Rand kantenbündig aufeinanderstecken und zusammensteppen. Die Tasche wenden und die Öffnung schließen. Die Einfassstreifen für den **Reißverschluss** zunächst an den Längsseiten jeweils 0,75 cm breit nach innen umbügeln. An den kurzen Streifen zusätzlich die Schmalseiten 0,75 cm breit umbügeln. Danach jeden Streifen in Längsrichtung zur Hälfte bügeln. Nun den Reißverschluss zunächst an den Längsseiten und danach an den Schmalseiten einfassen. Den versäuberten Reißverschluss von innen beidseitig an den oberen Taschenrand steppen. Für die **Griffbefestigungen** zunächst 2 Streifen mit Vlieseline verstärken. Je einen verstärkten und einen unverstärkten Streifen rechts auf rechts aufeinanderlegen und an den Enden beidseitig zur Spitze schneiden. Die Streifen zusammennähen, dabei ein kleines Stück zum Wenden offen lassen. Wenden und die Öffnung von Hand schließen. Griffbefestigungen ca. 3 mm breit absteppen. An einer Spitze jedes Streifens ein Knopfloch einarbeiten. Die Streifen jeweils mit der Spitze ohne Knopfloch mit je einem Strassstein ca. 2 cm von der Schmalkante entfernt auf die Taschenrückseite nähen. Gegenüberliegend auf der Vorderseite jeweils den Strassknopf aufnähen. Die Streifen durch die Öffnungen im Tragegriff legen und an der Vorderseite anknöpfen. Die verbliebenen Strasssteine von Hand auf den gerüschten Streifen nähen.

# Farbrausch

## Tasche mit Dreiecksstreifen

### Vorbereitung

Zunächst die Dreieckschablone sowie das Schnittteil für die Seitenteile anfertigen. Dafür die Schablone und das Schnittteil von den Vorlagen abpausen, siehe Seite 6/7, Punkt 5 und 6, bzw. Grundkurs auf Seite 8.
Die Vorlagen finden Sie auf Seite 60.

### Zuschneiden

Maße inkl. 0,75 cm Nahtzugabe.

#### Für Vorderseite der Außentasche

Für 6 Patchworkblöcke

2x
4,5 cm x 70 cm

2x
2x
2x
2x
3 x 70 cm

3x → = 6 Dreiecke a
14,5 x 14,5 cm

#### Für die Einlage der Vorderseite

1x
30 x 40 cm

#### Für die Rückseite der Außentasche

2x
25,5 x 37,5 cm

#### Für die Einlage der Rückseite

2x
25,5 x 37,5 cm

**Größe: 36 x 24 cm**
(ohne Griffe)

### Material

**Für die Außentasche und das Futter:**
- Baumwollstoffe, jeweils 115 cm breit wie folgt:

Stoff A
15 cm
Grün-Gebatikt

Stoff B
10 cm
Blau-Gebatikt

Stoff C
10 cm
Gelb-Gebatikt

Stoff D
65 cm
Orange-Gebatikt

Stoff E
30 cm
Rot-Gebatikt

Stoff F
20 cm
Orange-Gemustert

**Für die Einlage:**

45 cm aufbügelbares Vlieseline Volumenvlies H630

45 cm aufbügelbare Vlieseline H250

**Zubehör:**
- Siehe Seite 6/7

**Zusätzliches Zubehör:**
- 2 Tragegriffe aus Bambus, ca. 25 cm breit, 18 cm hoch
- 6 Knöpfe, 1,75 cm Ø, Orange
- Feste Pappe, 9 x 35 cm für die Bodenplatte

SPECIAL
Lena

**Für die Seitenflächen**

2x

**Für die Einlagen der Seitenflächen**

2x
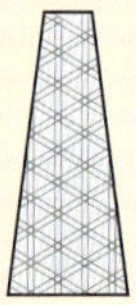

**Für den Boden**

1x

12 x 37,5 cm

**Für die Einlage des Bodens**

1x
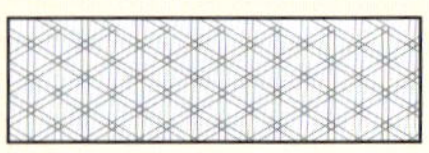
12 x 37,5 cm

**Für die Griffbefestigungsstreifen**

8x  4,5 x 11 cm

4x  4,5 x 11 cm

**Für das Futter und die Futterverstärkung**

Für die Vorder- und Rückseiten

2x 25,5 x 37,5 cm

2x 25,5 x 37,5 cm

Für die Seitenteile

2x

2x
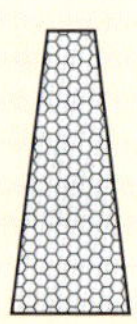

Für den Boden

1x 12 x 37,5 cm

1x 12 x 37,5 cm

Für den Bezug der Bodenpappe

2x 11 x 37 cm

## Zusammensetzen der Patchworkblöcke

**Blockgröße: 12 x 12 cm**

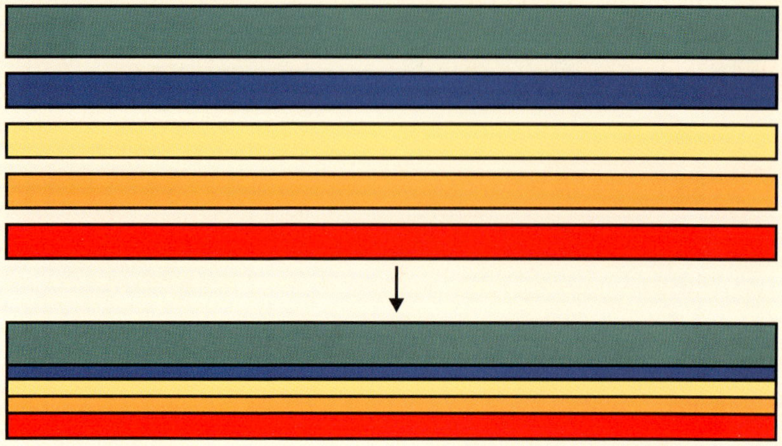


Zuerst 2 x nacheinander je 1 Streifen in **A**, **B**, **C**, **D** und **E** jeweils an den Längsseiten zu 2 Streifenflächen zusammennähen. Zum Ausbügeln der Nähte die Hinweise im Grundkurs auf Seite 10/11 beachten.

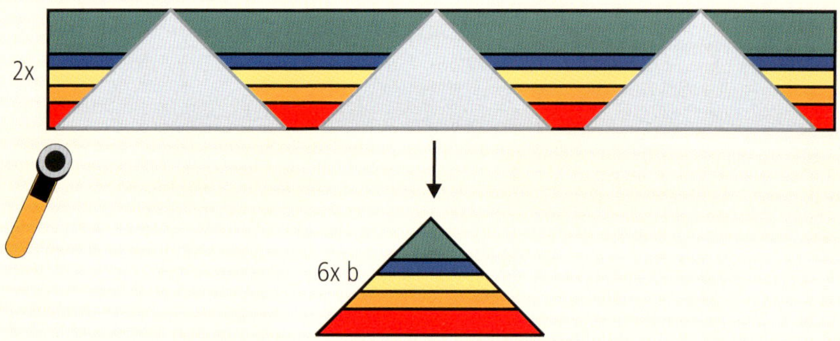


Aus beiden Streifenflächen mit Hilfe der Dreieckschablone je 3 Dreiecke ausschneiden, dabei liegen die langen Seiten der Dreieckschablone jeweils kantenbündig mit dem unteren Rand der Streifenfläche. Es entstehen insgesamt 6 Dreiecke **b**.

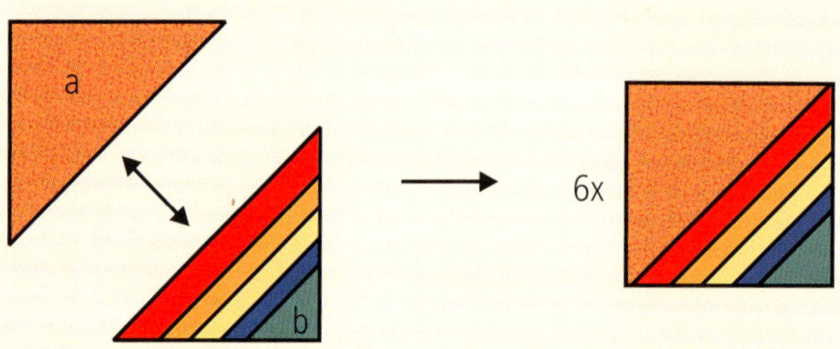


Nun 6 x je 1 Dreieck **a** und **b** an den langen Seiten zusammennähen. Die Nahtzugaben jeweils in die Streifenfläche gerichtet bügeln. Überstehende kleine Dreiecke der Nahtzugaben jeweils bündig mit den Außenkanten der Quadrate abschneiden.

## Zusammensetzen der Vorderseite

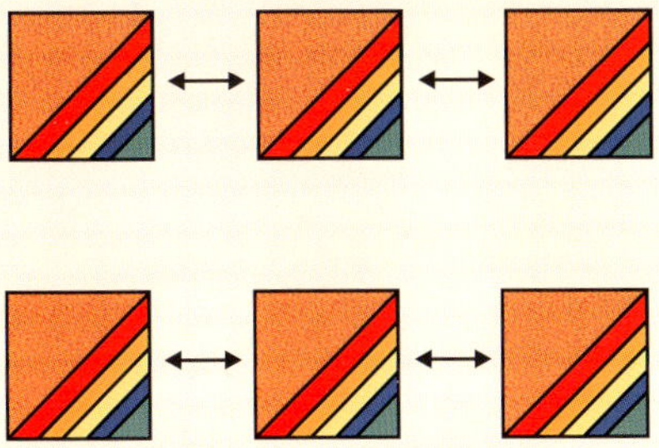

Zunächst 2x je 3 Patchworkblöcke nebeneinander zu 2 Reihen zusammennähen.

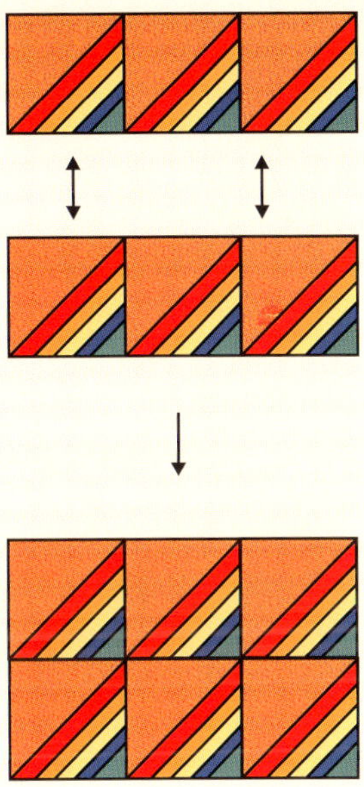

Dann die 2 Reihen untereinander zur gesamten Vorderseite zusammensetzen.

## Zusammensetzen der Lagen

Siehe Grundkurs auf Seite 11, dabei wird in diesem Modell nur Volumenvlies auf die linke Seite der Außenseiten gebügelt (ohne Rückseitenstoff).

## Quilten

### Vorderseite:

Die Dreiecke in F quilten, dabei die innen liegenden Nähte jeweils knapp neben den Nahtlinien der Dreiecke und die Außenränder jeweils mit 1 cm breitem Abstand zu den Schnittkanten steppen.

## Fertigstellung

Nach dem Quilten die Einlage auf Vorderseitengröße zurückschneiden. Die linke Seite der Futterteile mit der Vlieseline verstärken. Alle Außenkanten mit schmalen Zickzackstichen oder einer Overlock-Nähmaschine versäubern. Nun die **Außentasche** zusammennähen. Dafür zuerst die Vorderseite am unteren Rand rechts auf rechts an den Boden nähen, dabei jeweils 0,75 cm nach bzw. vor dem Eckpunkt beginnen bzw. enden und den Nahtanfang bzw. das Nahtende stets sichern. Danach die seitlichen Ränder der Vorderseite rechts auf rechts auf die Seitenteile nähen, dabei jeweils im letzten Stich der Bodenansatznaht beginnen und das Nahtende bis zur Schnittkante nähen. Taschenrückseite entsprechend annähen. Die Taschenaußenseite wenden. Für die **Griffbefestigungen** 2 x je 2 Streifen in **A** und 4 x je 2 Streifen in **B** jeweils rechts auf rechts aufeinanderlegen. Die Streifen entlang der Längskanten und 1 Schmalkante zusammennähen. Streifen wenden und knappkantig absteppen. Die Streifen mit den offenen Kanten von rechts an den oberen Rand der Vorder- und Rückseite stecken bzw. heften, dabei liegt der grüne Streifen mittig und die blauen Streifen jeweils im Abstand von ca. 7 cm zu den Seitennähten. Das **Futter** wie bei der Außentasche beschrieben zusammennähen, jedoch ein Stück zum späteren Wenden offen lassen. Die Außentasche rechts auf rechts in das Futter schieben, die beiden Teile am oberen Rand kantenbündig aufeinanderstecken und zusammensteppen. Die Tasche wenden und die Öffnung schließen. Den oberen Rand rundum knappkantig absteppen. Die 3 Befestigungsstreifen der Vorderseite um die gerade Seite eines Tragegriffes herumlegen. Den grünen Streifen nach außen, die beiden blauen Streifen jeweils nach innen so weit umlegen, dass die Schmalkanten je ca. 2,5 cm weit auf bzw. unter dem Taschenteil liegen. Die Kanten von Hand annähen und das Streifenende mit je 1 Knopf verzieren. Den 2. Griff entsprechend an der Rückseite befestigen. Die 2 Rechtecke für den Bezug der **Bodenplatte** rechts auf rechts aufeinanderlegen und an den Längsseiten sowie an einer Schmalkante zusammennähen. Den Streifen wenden und über die Pappe ziehen. Die Nahtzugaben der offenen Schmalkanten nach innen einschlagen und die Öffnung von Hand schließen. Die Bodenplatte in die Tasche einlegen.

**Größe: 54 x 32 cm**
(ohne Tragegriffe)

## Material

**Für die Außentasche und das Futter :**
- Baumwollstoffe, jeweils 115 cm breit wie folgt:

Stoff A
90 cm
Lila-Ocker-Kariert

Stoff B
60 cm
Hellgrün-Geblümt

Stoff C
30 cm
Flieder-Geblümt

Stoff D, 30 cm
Flieder-Weiß-Gestreift

**Für die Einlage:**

70 cm aufbügelbares Vlieseline Volumenvlies H630

70 cm aufbügelbare Vlieseline S320

**Zubehör:**
- Siehe Seite 6/7

**Zusätzliches Zubehör:**
- 40 x 90 cm Rasterquick-Karo „Vlieseline Quilt 90" = ausreißbare Nähhilfe mit aufgedruckten Karos im 90°-Winkel
- 1 Filzstift in Rot
- 2 Tragegriffe aus Holz ca. 24 x 10 cm
- 2 fliederfarbene Knebelverschlüsse aus Holz
- 2 passende unteilbare Reißverschlüsse, 25 cm lang
- 1 Magnetknopf

# In Form gebracht

## Tasche aus Log-Cabin Blöcken

### Zuschneiden

Maße inkl. 0,75 cm Nahtzugabe.

**Für die Vorder- und Rückseite**

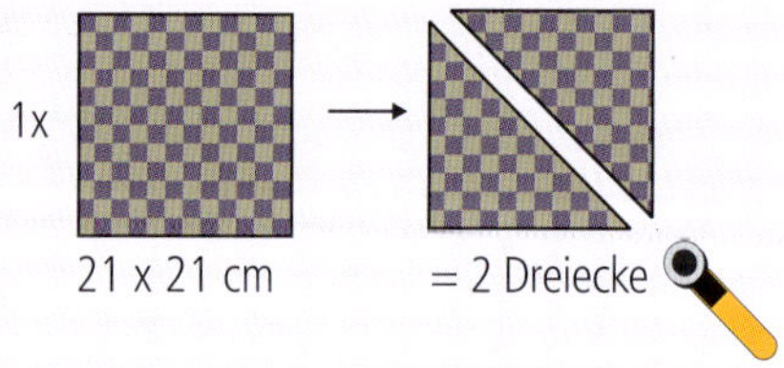


Dieses Quadrat 1x in der Diagonalen durchschneiden.

**Für 6 Patchworkblöcke**

1x 8 x 55 cm

3x 4 x ca. 105 cm

4x 5 x ca. 105 cm

**Für die Einlage der Vorder- und Rückseite**

2x 42 x 42 cm

**Für den Boden-Seitenstreifen**

1x 7 x 65 cm

**Für die Einlage des Boden-Seitenstreifens**

1x 7 x 65 cm

**Für die Reißverschluss-Passen**

8x 4 x 26 cm

### Für die Einlage der Reißverschluss-Passen

4x

4 x 26 cm

### Für die Einfassblenden

4x

6 x 105 cm

### Für das Futter

Für die Vorder- und Rückseite

2x 42 x 42 cm

Für den Boden-Seitenstreifen

1x 7 x 65 cm

Für die Futtertaschen

2x 20 x 105 cm

Für die Verstärkung des Futters

2x 42 x 42 cm

1x 7 x 65 cm

### Für das Aufnähen der Patchworkblöcke

6 Quadrate von je 20 x 20 cm aus dem Rasterquick-Karo.

## Vorbereiten

Zunächst lt. Vorlage von Seite 61 den Log-Cabin-Block je 6x mit dem roten Filzstift auf das Rasterquick-Karo zeichnen. **Achtung!** Die Vorlage ist spiegelverkehrt, da der Stoff später auf die unbedruckte Seite des Rasterquick-Karos genäht wird.

**Tipp:** Sie können die Log-Cabin-Blöcke natürlich auch ohne Hilfe des Rasterquick-Karos arbeiten. Dann sollten Sie auf besonders exaktes Zuschneiden der Streifenbreiten achten.

## Zusammensetzen der Log-Cabin-Blöcke

**Blockgröße: 18,5 x 18,5 cm**

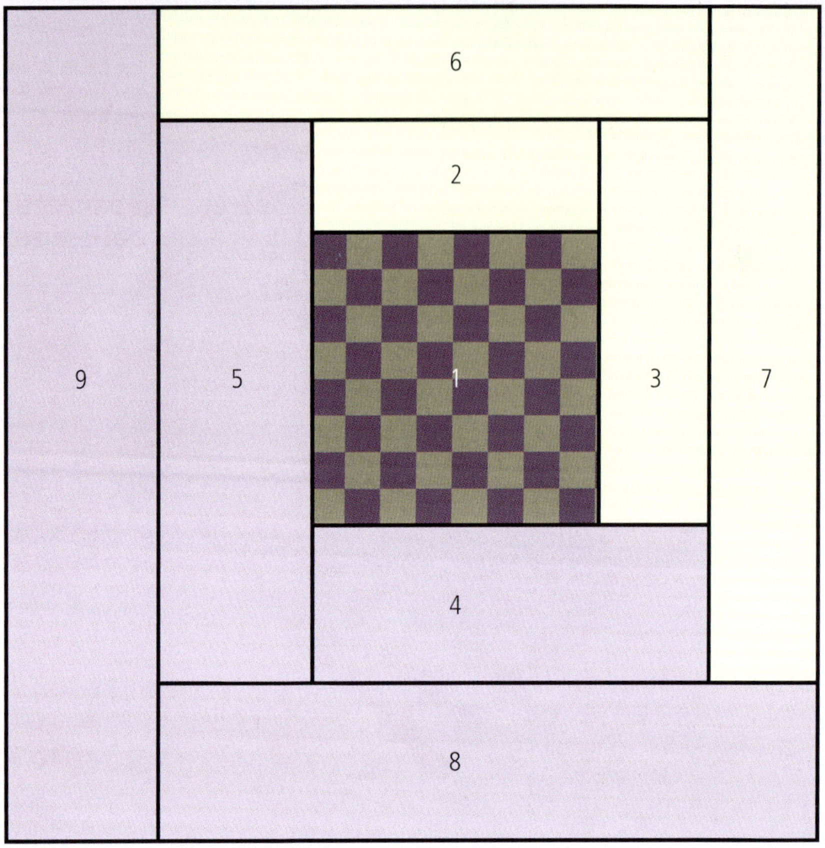


Beim Zusammensetzen stets die Abbildung beachten, dabei geben die Zahlen die Reihenfolge der anzunähenden Streifen an. **Achtung!** Stets auf den cm-Linien des Rasterquick-Karos bzw. den vorgezeichneten Linien nähen. Zuerst vom Streifen **A** ein Quadrat von 8 x 8 cm abschneiden. Danach dieses Quadrat (in der Vorlage mit **1** angegeben) mit der rechten Seite nach unten zeigend auf die unbedruckte Seite des Rasterquick-Karos legen. Nun lt. Vorlage einen Streifen **B** rechts auf rechts an den oberen Rand legen und annähen, dabei auf der bedruckten Seite des Rasterquick-Karos mit Stichlänge 2 entlang nähen und beide Stoffteile mitfassen. **Achtung!** Beim Nähen den Nahtanfang und das Nahtende gut sichern! Den Streifen bündig abschneiden, umlegen und glatt streichen oder bügeln. Danach in der nummerierten Reihenfolge alle übrigen Streifen annähen, nach dem Annähen jedes einzelnen Streifens diesen wieder bündig abschneiden, umlegen und glatt streichen oder bügeln. Den letzten angesetzten Streifen ebenfalls bündig abschneiden, umlegen und glatt streichen oder bügeln. Rasterquick-Karo vorsichtig entfernen, dabei evtl. eine Pinzette zur Hilfe nehmen.

**Tipp:** Damit Sie beim Nähen nicht ständig auf die Nummerierung der Vorlage achten müssen, können Sie die Zahlen auch auf das Rasterquick-Karo übertragen. Falls Sie die Vorderseite ohne Rasterquick-Karo nähen möchten, wie folgt vorgehen: Lt. Vorlage zuerst vom Streifen **A** ein Quadrat von 8 x 8 cm abschneiden. Danach an den oberen Rand dieses Quadrates einen Streifen **B** rechts auf rechts anlegen und annähen. Streifen bündig abschneiden, umlegen und glatt streichen oder bügeln. Dann alle übrigen Streifen in der nummerierten Reihenfolge genauso annähen, bündig abschneiden, umlegen, glatt streichen oder bügeln.

Insgesamt 6 Patchworkblöcke arbeiten, davon werden je 3 Patchworkblöcke für die Vorder- bzw. die Rückseite benötigt.

## Zusammensetzen der Außenseiten

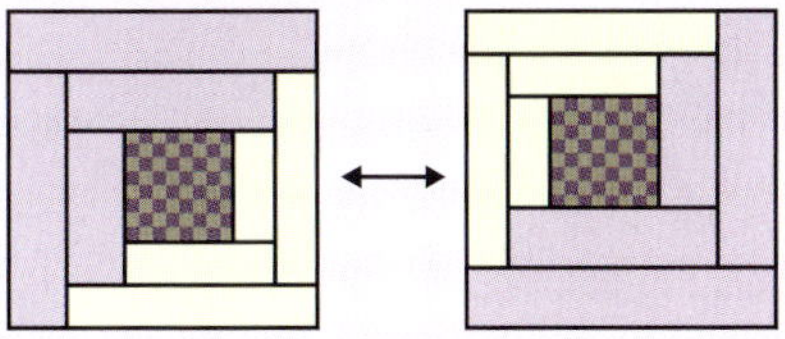

Zunächst für die Vorderseite 2 Patchworkblöcke nebeneinander zusammensetzen.

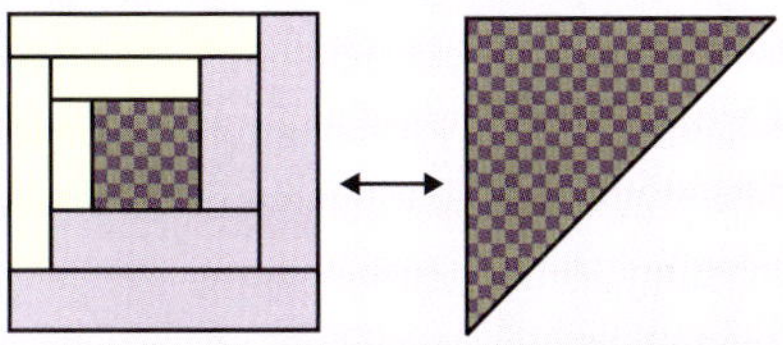

Dann 1 Patchworkblock und 1 Dreieck in A nebeneinander zusammensetzen.

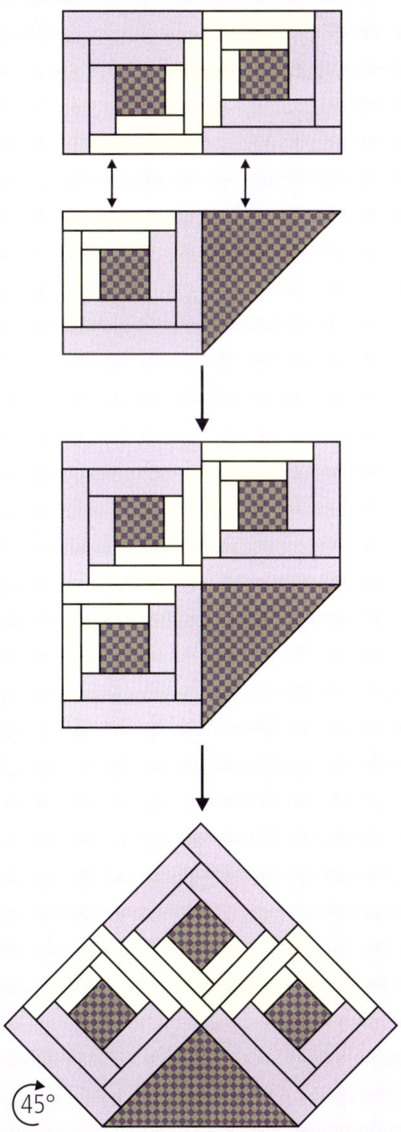


Nun diese 2 Reihen untereinander zum gesamten Vorderteil zusammensetzen. Die Rückseite genauso arbeiten.

## Zusammensetzen der Lagen

Siehe Grundkurs auf Seite 11, dabei wird in diesem Modell nur Volumenvlies auf die linke Seite der Außenseiten gebügelt (ohne Rückseitenstoff).

## Quilten

Die Quadrate in **A** jeweils in den Nahtlinien quilten. Das Dreieck in **A** ebenfalls in den Nahtlinien quilten und zusätzlich mit steppfüßchenbreitem Abstand zur Nahtlinie einen Maschinen-Zierstich nach Wunsch aufsticken. Alle Flächen in **B** mit Schlangenlinien in Freihand-Maschinenquilttechnik quilten, siehe Grundkurs auf Seite 12.

**Tipp:** Sie können die Schlangenlinien mit einem Quiltstich der Nähmaschine quilten.

## Fertigstellung

Nach dem Quilten die Einlagen jeweils auf Außenseitengröße zurückschneiden. Volumenvlies unter den Boden-Seitenstreifen sowie unter 4 Streifen für die Reißverschluss-Passen bügeln. Alle Futterteile mit Vlieseline verstärken. Die Quadrate für die **Futtervorder-** und **Rückseite** jeweils links auf links unter die Außenseiten legen und gleich groß wie die Außenseiten schneiden. Alle Außenkanten mit schmalen Zickzackstichen oder einer Overlock-Nähmaschine versäubern. Die Rechtecke für die **Futtertaschen** an den Längsseiten rechts auf rechts aufeinanderlegen und zusammennähen. Die Streifen wenden und jeweils kantenbündig mit den unteren Rändern auf die Futtervorder- bzw Rückseite heften. Die überstehenden seitlichen Kanten zurückschneiden. Taschen heften, nach Wunsch zusätzliche Längsabtrennungen steppen. Für den **Taschen-Verschluss** die 1. Hälfte des Magnetknopfes mittig, mit ca. 13 cm Abstand zur oberen Spitze auf der rechten Seite des Futtervorderteiles befestigen. Dafür entsprechend der beiden Metallflügel des Magnetknopfes 2 Markierungen mit Kreide aufzeichnen. Nun an den Markierungen 2 kleine Schlitze in den Stoff schneiden und den Magnetknopf anbringen. Die 2. Hälfte des Magnetknopfes wie oben beschrieben gegenüberliegend auf der Futterrückseite anbringen. Futtervorder- bzw. Rückseite und Außentaschenvorder- bzw. Rückseite links auf links aufeinanderlegen und rundum zusammenheften. Den **Boden-Seitenstreifen der Außenseite** und den **Boden-Seitenstreifen aus Futter** rechts auf rechts aufeinanderlegen und die Schmalkanten zusammennähen. Streifen wenden und die Längskanten zusammenheften. Nach Wunsch auch hier im Abstand von 1 cm zur Längskante einen Maschinen-Zierstich aufsticken. Für die **Reißverschluss-Passe** zunächst einen Streifen mit Volumenvlies rechts auf rechts auf einen unverstärkten Streifen legen. Reißverschluss öffnen und die 1. Hälfte an einer Längsseite kantenbündig zwischen die beiden Streifen legen, dabei das überstehende Band am Reißverschlussanfang zum Reißverschluss hin einschlagen. Die Längsseite sowie die Schmalkante am Reißverschlussanfang zusammennähen. Die Streifen wenden und die 2. Hälfte genauso verstürzen. Die Schnittkanten der Passen-Enden jeweils versäubern. 2. Passe entsprechend arbeiten. Nun den **Boden-Seitenstreifen** von der unteren Mitte ausgehend rechts auf rechts an die unteren Ränder sowie die unteren seitlichen Ränder zwischen die Taschenvorder- und Rückseite stecken und anheften. Danach die **Reißverschlusspassen** beidseitig rechts auf rechts an die oberen schrägen Ränder heften, dabei die Reißverschlussenden mit den verstürzten Schmalkanten der Boden-Seitenstreifen je ca. 0,5 cm überlappen lassen. Die Ränder der Vorder- und Rückseite einfassen. Dafür zuerst je 2 **Einfassstreifen** an den Schmalseiten wie im Grundkurs auf Seite 13 beschrieben zusammennähen. Nun die Einfassblende an den Längsseiten links auf links aufeinanderbügeln und lt. 2. Methode des Versäuberns wie im Grundkurs auf Seite 13 beschrieben rundum annähen. Die oberen Taschenecken jeweils ca. 9 cm breit nach vorne bzw. nach hinten umschlagen, die **Tragegriffe** einlegen und die Bruchkante im Abstand von ca. 1,5 cm absteppen. Die Ecken mit je 1 Knebelknopf befestigen.

**Größe:**
**ca. 43 x 32 x 8 cm**
(ohne Tragegriffe)

## Material

**Für die Außentasche und das Futter:**

- Baumwollstoffe, jeweils 115 cm breit wie folgt:

Stoff A, 35 cm Natur mit großen Rosen

Stoff B, 80 cm Natur mit Rosenknospen

Stoff C, 10 cm Dunkelbeige mit Rosenknospen

Stoff D 15 cm Hellbeige

Stoff E, 10 cm Mittelbeige mit eingewebten Effektgarnen

Stoff F, 15 cm, Hellbraun mit eingewebten Effektgarnen

**Für die Einlage:**

110 cm aufbügelbares Vlieseline Volumenvlies H630

Fortsetzung der Materialien siehe Seite 46

# Rosen-romantik

## Rosentasche mit Streifeneinsatz

### Vorbereitung

Zunächst die Schnittteile ❶ – ❸ anfertigen. Dafür die Schnittteile abpausen, siehe Seite 6/7, Punkt 5 und 6 bzw. Grundkurs auf Seite 8.
Die Schnittteile finden Sie auf Seite 61.

### Zuschneiden

Maße inkl. 0,75 cm Nahtzugabe.

**Für die Vorder- und Rückseite**

Für die Streifenfläche

1x 5 x 55 cm

1x 5 x 55 cm

2x 4 x 55 cm

1x 4 x 55 cm

2x 3,5 x 55 cm

1x 3,5 x 55 cm

7x 3,5 x 55 cm

Für die Seitenteile

2x ❷ 2x ❷

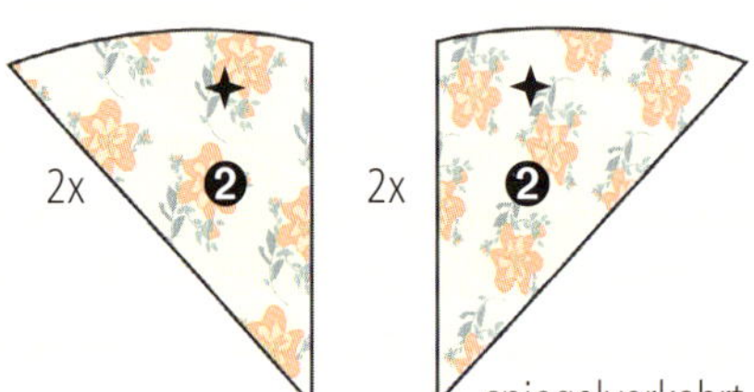

spiegelverkehrt

Fortsetzung der Materialien:

**Zubehör:**
- Siehe Seite 6/7

**Zusätzliches Zubehör:**
- 1 Reißverschluss in Beige, 30 cm lang
- 2 Ledertaschenbügel zum Aufnähen in Hellbeige
- 1 Nähmaschinennadel für Leder

Tipp: Sollten Sie keine Stoffe mit eingewebten Effektgarnen finden, können Sie nach dem Zusammensetzen der Streifenfläche passende Effektwolle mit Zickzackstichen auf die Streifen nähen, siehe auch Seite 48/49.

Für die Einlage der Vorder- und Rückseite

2x  35 x 50 cm

Für den Boden

1x 

### Für die Einlage des Bodens

1x 

### Für den Reißverschlusseinsatz

4x 

6 x 50 cm

### Für die Einfassblende

1x  6 x 105 cm

### Für die Einlage der Einfassblende

1x  6 x 105 cm

### Für das Futter

Für die Vorder- und Rückseite

2x  35 x 50 cm

Für den Boden

1x 

Für die aufgesetzte Futtertasche

1x  19 x 46 cm

## Zusammensetzen der Streifenfläche

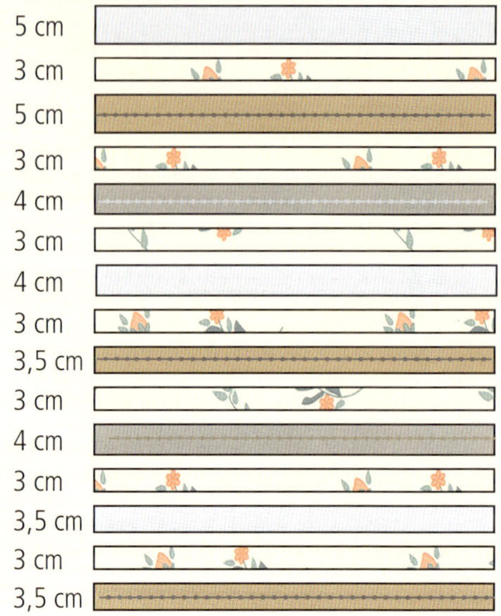



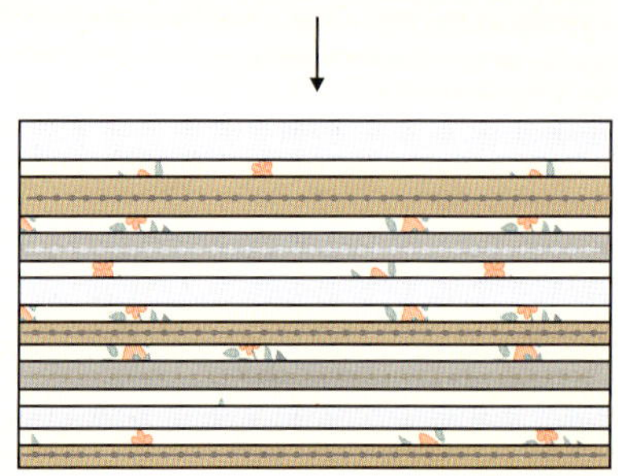

Zunächst nacheinander die Streifen in D, B, F, B, E, B, D, B, F, B, E, B, D, B und F jeweils an den Längsseiten zur Streifenfläche zusammennähen. Zum Ausbügeln der Nähte die Hinweise im Grundkurs auf Seite 10/11 beachten.

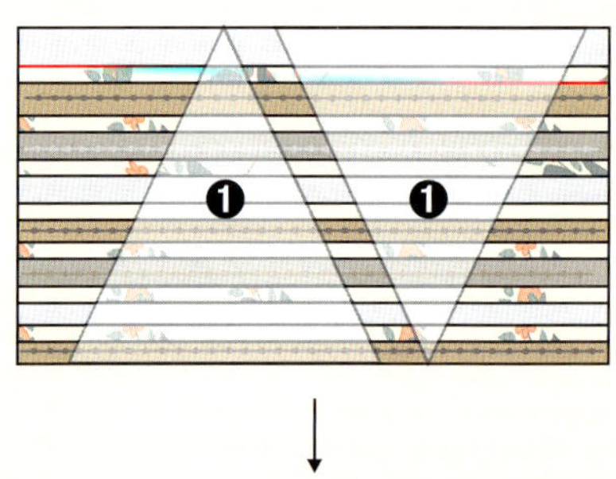



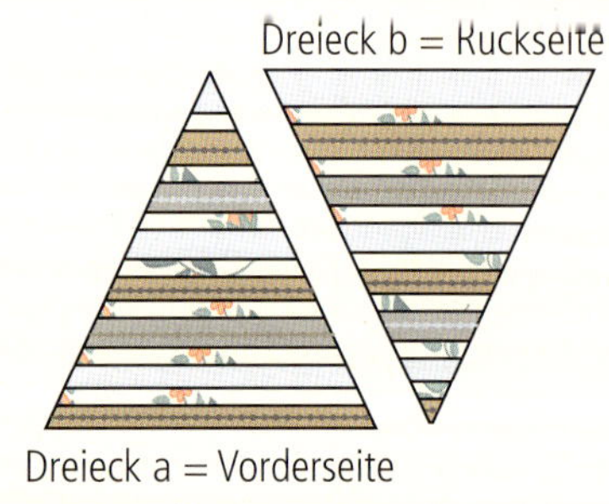



Mit Hilfe des Schnittteils ❶ die 2 Dreiecke für die Vorder- und Rückseite zuschneiden.

## Zusammensetzen der Außenseiten

Vorderseite

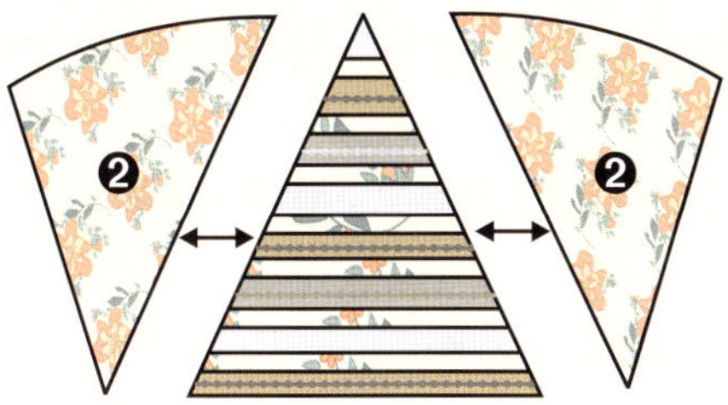


Dreieck a

↓

Nun 1 linkes Seitenteil **2**, 1 Dreieck **a** und 1 rechtes Seitenteil **2** nebeneinander zur Vorderseite zusammennähen. Die Nahtzugaben jeweils in die Seitenteile bügeln und füßchenbreit absteppen.

Rückseite

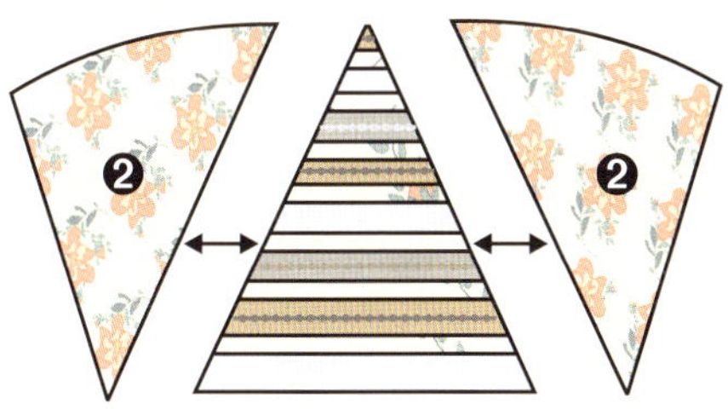


Dreieck b

↓

Die Rückseite genauso arbeiten, jedoch Dreieck **b** verwenden.

## Fertigstellung

Volumenvlies unter die **Vorder-** und **Rückseite** sowie den Boden bügeln. Die Einlagen jeweils auf Außenseitengröße zurückschneiden. Die Rechtecke für die Futtervorder- und Rückseite jeweils links auf links unter die Außenseiten legen und gleich groß wie die Außenseite zuschneiden. Alle Außenkanten mit schmalen Zickzackstichen oder einer Overlock-Nähmaschine versäubern. **Taschenvorder-** und **Rückseite** rechts auf rechts aufeinanderlegen und die Seitennähte schließen. Den **Boden** rechts auf rechts an den unteren Rand stecken und einnähen, dabei treffen die seitlichen Passzeichen jeweils auf die Seitennähte der Tasche. Außentasche wenden. Das Rechteck für die **aufgesetzte Futtertasche** an den Schmalseiten rechts auf rechts aufeinanderlegen und zusammennähen. Die Futtertasche wenden und mittig auf die Futtervorderseite nähen. Das **Futter** wie bei der Außentasche beschrieben zusammennähen. Die Futtertasche links auf links in die Außentasche schieben, beide Teile am oberen Rand kantenbündig aufeinanderstecken und zusammenheften. Für den **Reißverschlusseinsatz** zunächst 2 Streifen rechts auf rechts aufeinanderlegen und eine Längsseite schließen, dabei die mittleren 30 cm als Reißverschluss-Schlitz offen lassen. Die Nahtzugaben auseinander, Schlitzkanten nach links umbügeln. Den Reißverschluss entlang der Schlitzkanten einsetzen. Die verbliebenen Streifen entsprechend vorbereiten, dann links auf links so unter den Reißverschlussstreifen legen, dass die Nähte jeweils aufeinander und die Bruchkanten bündig liegen. Nun nochmals in der Reißverschlussnaht durchsteppen. Den Reißverschlusseinsatz auf die Länge des oberen Taschenrandes kürzen, rechts auf rechts anstecken, die überstehenden Ecken etwas abrunden und den Einsatz anheften. Den Streifen für die **Einfassblende** mit Volumenvlies unterbügeln. Die Nahtzugabe einer Längsseite nach links umbügeln. Die Länge des oberen Taschenrandes ausmessen und 1,5 cm Nahtzugabe hinzugeben. Den Streifen für die Einfassblende auf dieses Maß zurückschneiden, an den Schmalkanten rechts auf rechts zusammenlegen und zum Ring schließen. Die Blende mit der offenen Kante rechts auf rechts von innen an den Taschenrand stecken und annähen. Dann den Streifen um die Schnittkante herum nach außen legen und den gebügelten Bruch mit kleinen Saumstichen von Hand an die Taschenaußenseiten nähen. **Die Tragegriffe** jeweils unterhalb der Einfassblende mit ca. 10 cm Abstand zu den Seitennähten auf die Vorder- bzw. Rückseite steppen, dabei hier die Leder-Nähmaschinennadel verwenden.

# Rosentasche aus Längsstreifen

**Größe: 40 x 28 x 8 cm**
(ohne Tragegriffe)

## Material

**Für die Außentasche und das Futter:**

- Baumwollstoffe, jeweils 115 cm breit wie folgt:

Stoff A, 25 cm Rosenholz mit großen Rosen

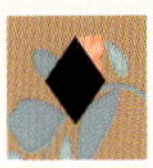
Stoff B, 20 cm Rosenholz mit mittelgroßen Rosenknospen

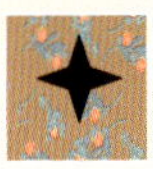
Stoff C, 15 cm Rosenholz mit kleinen Rosenknospen

Stoff D, 15 cm Beige-Braun-Gestreift

Stoff E, 15 cm Hellbraun mit eingewebten Effektgarnen

Stoff F, 40 cm Beige-Rosenholz-Kariert

**Für die Einlage:**

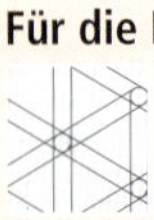
50 cm aufbügelbares Vlieseline Volumenvlies H630

**Zubehör:**
Siehe Seite 6/7

**Zusätzliches Zubehör:**

- 2 Ledertaschenbügel zum Aufnähen in Mittelbraun
- 1 Nähmaschinennadel für Leder

Tipp: Siehe Seite 46

## Vorbereitung

Zunächst die Schnittteile ❶ – ❻ anfertigen. Dafür die Schnitteile 1 – 6 von den originalgroßen Vorlagen abpausen, siehe Seite 6/7, Punkt 5 und 6, bzw. Grundkurs auf Seite 8 und ausschneiden.
Die Vorlagen finden Sie auf Seite 60.

## Zuschneiden

Maße inkl. 0,75 cm Nahtzugabe.

### Für die Vorder- und Rückseite

Achtung! Beim Zuschneiden stets den Faden- bzw. Streifenlauf beachten. Die Pfeile innerhalb der Vorlagen geben den Faden- bzw. den Streifenlauf an.

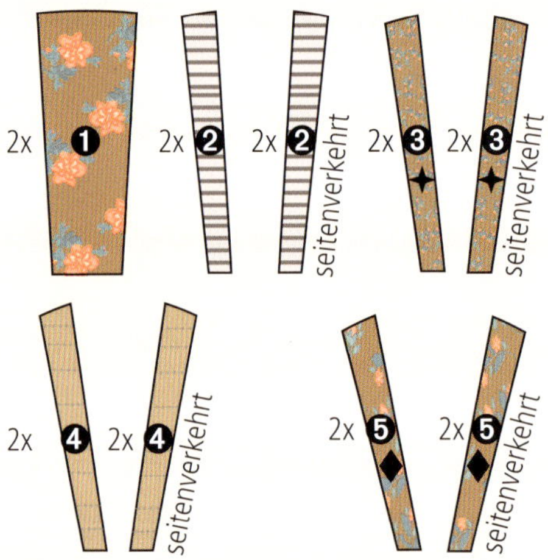


### Für die Einlagen der Vorder- und Rückseite

2x 35 x 45 cm

### Für den Boden

1x 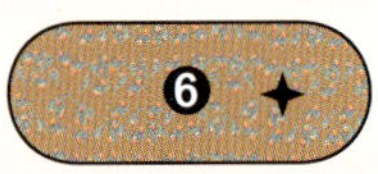


### Für die Einlage des Bodens

1x 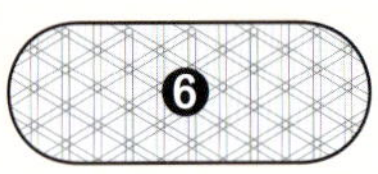


### Für die Einfassblende

1x 
6 x 90 cm

### Für die Einlage der Einfassblende

1x 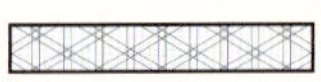
6 x 90 cm

### Für das Futter

Für die Vorder- und Rückseite

2x 35 x 45 cm

Für den Boden

1x 

Für die aufgesetzte Futtertasche

1x 20 x 40 cm

## Zusammensetzen der Vorder- und Rückseite

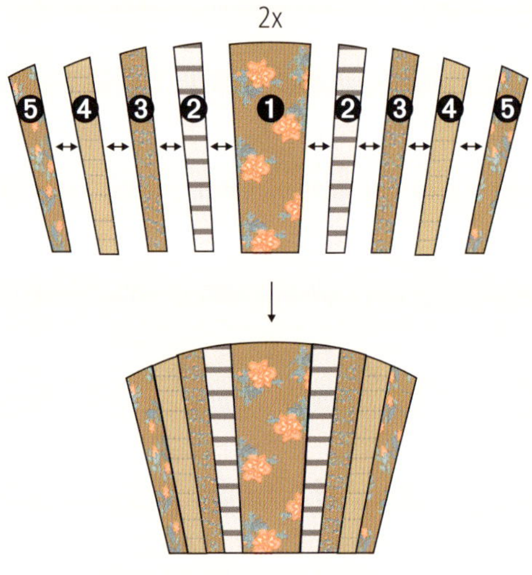


Zunächst 2x die Streifen lt. Vorlagen 5, 4, 3, 2, 1, 2, 3, 4 und 5 jeweils an den Längsseiten nebeneinander zu 2 gleichen Streifenflächen zusammennähen. Zum Ausbügeln der Nähte die Hinweise im Grundkurs auf Seite 10/11 beachten.

## Fertigstellung

Siehe Rosentasche mit Streifeneinsatz von Seite 44 – 47, jedoch ohne Reißverschluss. Außerdem die Tragegriffe mit ca. 8 cm Abstand zu den Seitennähten ansteppen.

**Größe:**
**46 x 40 x 9 cm**
(ohne Trageriemen)

## Material

**Für die Außentasche, die Trageriemen und die aufgesetzte Patchworktasche:**

Stoff A
65 x 120 cm
Wildlederimitat
in Schwarz

Stoff B
50 x 110 cm
Baumwollstoff
in Schwarz

Stoff C
je 15 x 15 cm
unterschiedlich gemusterte Baumwollstoffe in 16 verschiedenen Rottönen

**Für das Futter:**

Stoff D
50 x 120 cm
Baumwollsatin
in Hellrot

**Für die Einlage:**

30 cm feste aufbügelbare Vlieseline H250

**Zubehör:**

- Siehe Seite 6/7

**Zusätzliches Zubehör:**

- 230 cm Paillettenborte in Schwarz, 1,5 cm breit

# Dreiecke mit Edeltouch

## Schwarz-rote Tasche

### Vorbereitung

Zunächst die Dreieckschablone und das Schnittteil anfertigen. Dafür die Schablone und das Schnittteil von den Vorlagen abpausen, siehe Seite 6/7, Punkt 5 und 6, bzw. Grundkurs auf Seite 8.
Die Vorlagen finden Sie auf Seite 59.

### Zuschneiden

Maße inkl. 0,75 cm Nahtzugabe.

**Für die Patchworkfläche**

8x

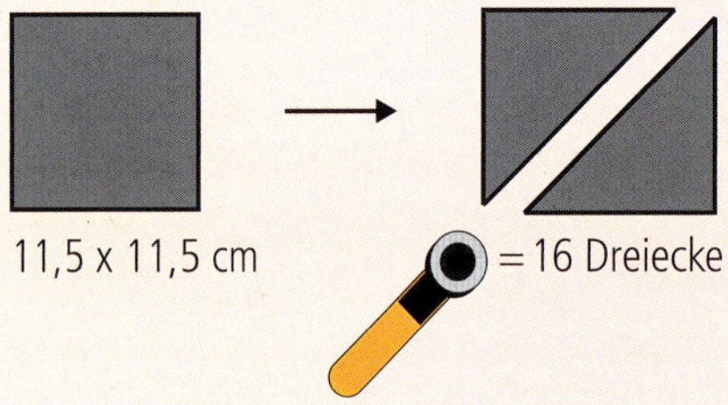

11,5 x 11,5 cm

= 16 Dreiecke

Diese Quadrate je 1x in der Diagonalen durchschneiden

16x

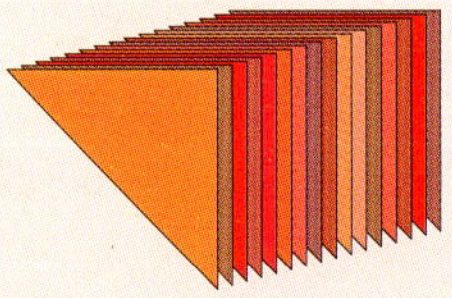

**Für die Rückseite der Patchworkfläche**

1x 37,5 x 37,5 cm

**Für die Vorder- und Rückseite mit angeschnittenen Boden - Seitenteilen**

2x 47,5 x 51,5 cm

**Für die Bodenverstärkung**

2x 6 x 47,5 cm

**Für die Trageriemen**

2x 

7 x 86 cm

**Für die Einlage der Trageriemen**

2x 

7 x 86 cm

**Für Abdeckungen der Trageriemenansätze auf der Rückseite**

2x  2x 

**Für das Futter**

Für die Vorder- und Rückseite mit Boden – Seitenteilen

2x 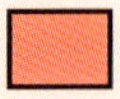 47,5 x 45,5 cm

Für die aufgesetzte Futtertasche

1x  20 x 40 cm

## Zusammensetzen der Patchworkfläche für die aufgesetzte Tasche

**Blockgröße: 36 x 36 cm**

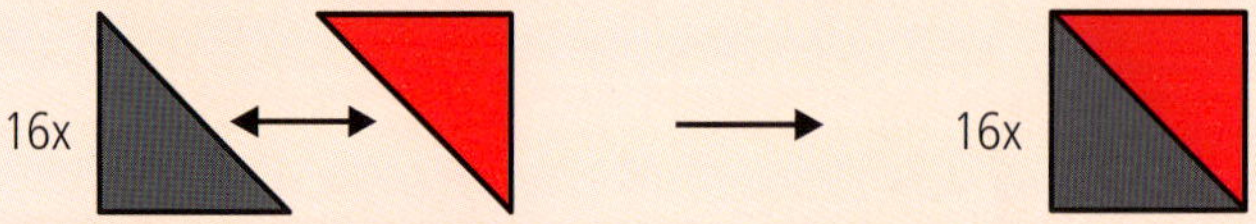


Zunächst 16x je 1 Dreieck B und ein beliebiges Dreieck in C an den langen Seiten zusammennähen. Es entstehen 16 Dreiecks-Quadrate.

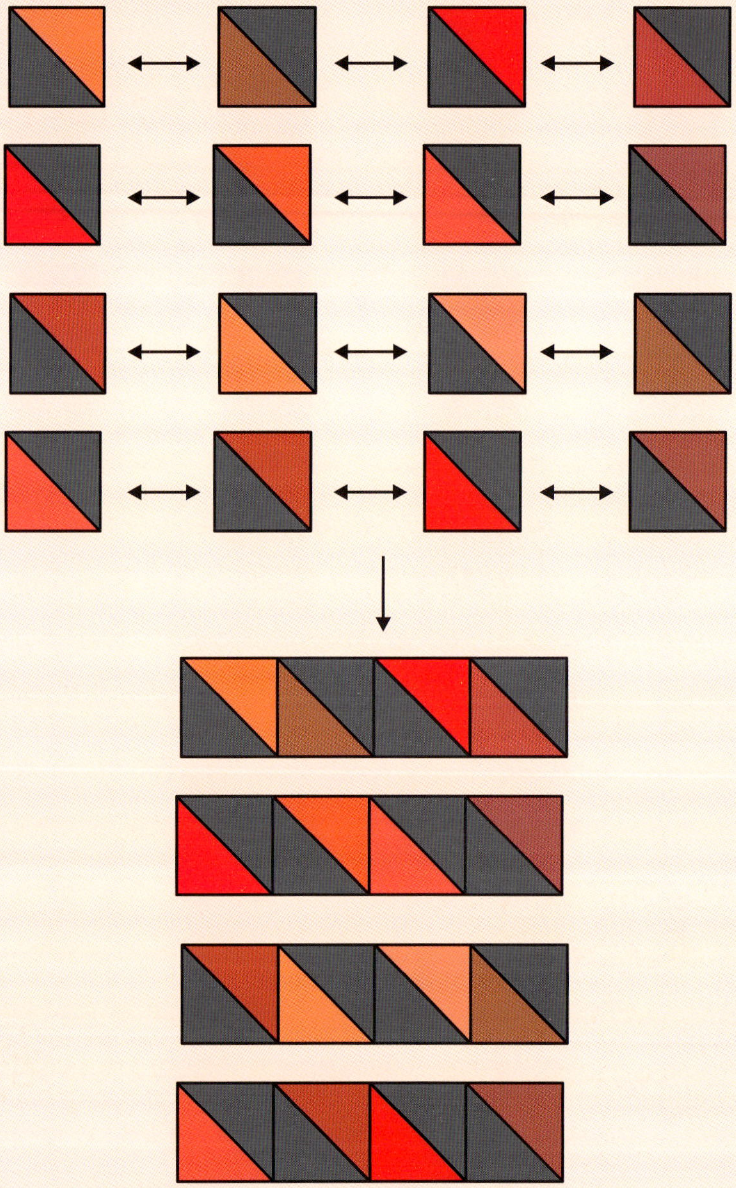

Anschließend 4x je 4 Dreiecks-Quadrate nebeneinander zu 4 Reihen zusammennähen.

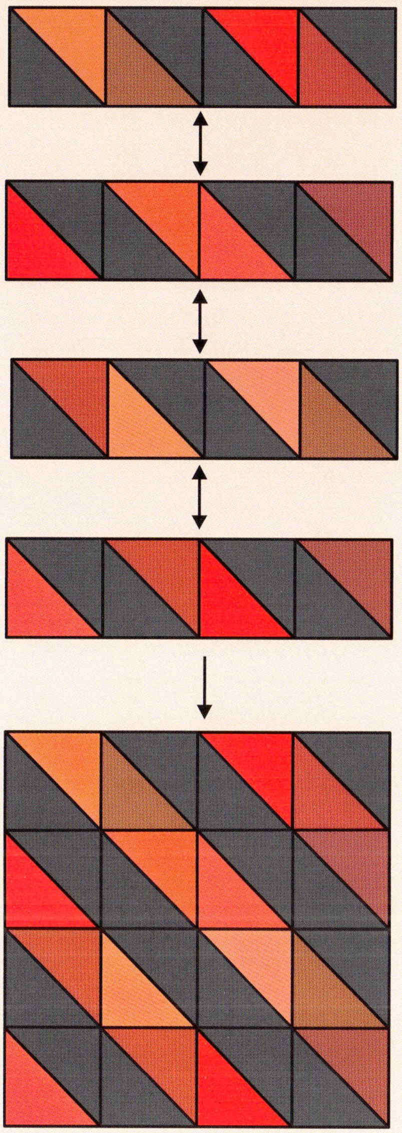

Die 4 Reihen untereinander zur gesamten Patchworkfläche zusammensetzen.

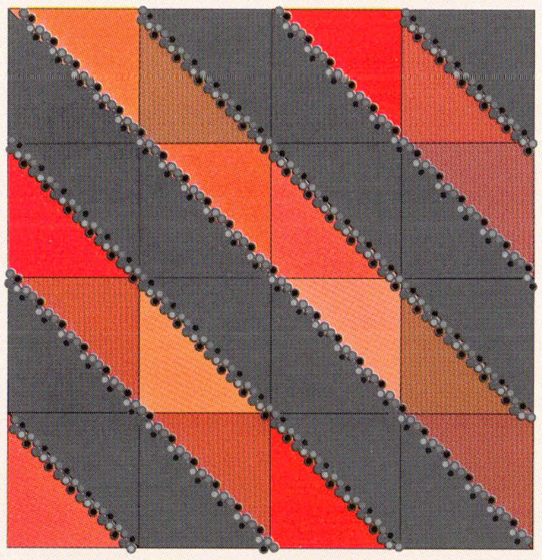

Das Paillettenband in Stücke von 2x je 16 cm, 2x je 28 cm, 2x je 40 cm und 1x 53 cm teilen und jeweils von Hand entlang der schwarzen Streifen auf die Patchworkfläche nähen.

## Fertigstellung

Die Einlagestreifen für die Bodenverstärkung kantenbündig auf die unteren Ränder von Vorder- und Rückseite sowie die Einlage auf die Trageriemen bügeln. **Achtung!** Mit dem Bügeleisen nicht direkt auf dem Lederimitat bügeln, ggf. großflächig ein Baumwolltuch auflegen. Die oberen Ränder von Taschenvorder- und Rückseite für den angeschnittenen Beleg jeweils 6 cm breit nach links umbügeln. Die Streifen für die **Trageriemen** jeweils in Längsrichtung rechts auf rechts aufeinanderlegen und die Längskanten zusammennähen. Streifen wenden und beidseitig knappkantig absteppen. Für die **Abdeckungen der Trageriemenansätze** 2x je 1 Wildlederteil und 1 Baumwollteil rechts auf rechts aufeinanderlegen und rundum zusammennähen, dabei oben ein Stück zum Wenden offen lassen. Nahtzugaben auf 4 mm zurückschneiden und die Teile wenden. Für die **aufgesetzte Tasche** die Patchworkfläche und die Rückseite der Patchworkfläche rechts auf rechts aufeinanderlegen und zusammennähen, dabei ein Stück zum Wenden offen lassen. Die Tasche wenden und mittig mit 6 cm Abstand zum unteren Rand knappkantig auf die Vorderseite steppen. Dabei langsam über die Pailletten nähen und wenn möglich mit der Nähmaschinennadel in die Paillettenlöcher einstechen, ggf. den Nähfuß etwas anheben und den Stoff verschieben. Am oberen Rand beidseitig 1 **Trageriemen** mit ca. 4 cm Abstand zu den seitlichen Rändern der aufgesetzten Tasche 2 cm weit einschieben und mitsteppen. Den 2. **Trageriemen** gegenüberliegend auf die Rückseite nähen. Die **Abdeckungen** beidseitig über die offenen Kanten legen und knappkantig aufsteppen. **Vorder-** und **Rückseite** rechts auf rechts aufeinanderlegen, die beiden seitlichen Ränder sowie den unteren Rand zusammennähen. Für den **Boden** die Seitennähte jeweils auf die untere Mitte legen und beidseitig je ein Dreieck von 9 cm quer abnähen. Die abgenähten Dreiecke bis auf 0,75 cm vor die Naht zurückschneiden. Das Rechteck für die **aufgesetzte Futtertasche** an den Schmalseiten rechts auf rechts aufeinanderlegen und zusammennähen. Die Futtertasche wenden und mittig auf die Futtervorderseite nähen. Das **Futter** wie bei der Außentasche beschrieben zusammennähen, dabei an der Seitennaht ein Stück zum späteren Wenden offen lassen. Die Futtertasche rechts auf rechts in die Außentasche schieben, beide Teile am oberen Rand kantenbündig aufeinanderstecken und zusammennähen. Die Tasche wenden und die Öffnung von Hand schließen. Den Bruch am oberen Taschenrand einlegen und 2 cm breit absteppen. Die **Trageriemenstreifen** jeweils bis 1 cm vor die Bruchkante mit je einem kleinen Rechteck aufsteppen, dabei das Futter mitfassen.

**Größe: 30 x 22 cm**
(ohne Tragekette)

## Material

**Für die Außentasche und das Futter:**
- Dupion-Seide, jeweils 90 cm breit wie folgt:
  - Stoff A 40 cm Apricot
  - Stoff B 40 cm Altrosé
  - Stoff C 50 cm Natur

**Für die Einlage:**
- 30 cm aufbügelbares Volumenvlies H640
- 90 cm aufbügelbare Vlieseline H180
- 30 cm aufbügelbare Vlieseline H200

**Zubehör:**
- Siehe Seite 6/7

**Zusätzliches Zubehör:**
- 1 Taschenverschluss aus Eisen, goldfarben, 20 x 6 cm mit
- 1 Taschengriffkette aus Eisen, goldfarben, 70 cm
- Metallic-Maschinenstickgarn in Gold
- Rocailles-Perlen in Goldgelb, 2,6 mm Ø
- Pailletten in Rosé, 8 mm Ø
- Glasperlen in Rosé, 6 mm Ø

# Ausgehzeit

## Abendtäschchen aus Seide

### Vorbereitung

Zunächst das Schnittteil für die Tasche anfertigen. Dafür das Schnittteil von der Vorlage abpausen, siehe Seite 6/7, Punkt 5 und 6, bzw. Grundkurs auf Seite 8.
Die Vorlage finden Sie auf Seite 61.

### Zuschneiden

Nahtzugabe inkl. 0,75 cm.
Die Seide **A** und **B** sowie ca. 10 cm von **C** in der gesamten Stoffbreite vor dem Zuschneiden der Quadrate mit der Vlieseline H180 verstärken.

**Für die Außenseiten**

Für 24 Neuner-Blöcke

24x 5 x 5 cm (Stoff A)
24x 5 x 5 cm (Stoff B)

72x 4 x 4 cm (Stoff A)
72x 4 x 4 cm (Stoff B)
24x 4 x 4 cm (Stoff C)

**Für die Einlage der Patchworkflächen**

2x 24 x 31,5 cm aus der Vlieseline H200.

2x 24 x 31,5

**Für das Futter**

2x

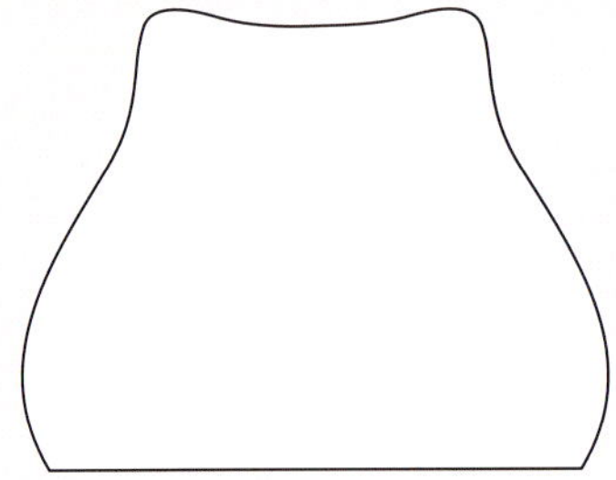

**Für die aufgesetzte Futtertasche**

1x 12 x 26 cm

## Zusammensetzen der Dreiecks-Quadrate

Zuerst 24 x je ein 5 x 5 cm großes Quadrat in **A** und **B** jeweils kantenbündig rechts auf rechts aufeinander legen. Danach in das Quadrat **B** jeweils die Diagonale von links unten nach rechts oben einzeichnen. Nun die beiden Quadrate jeweils im Abstand von je 0,75 cm beidseits der Diagonalen zusammennähen. Anschließend die Quadrate entlang der eingezeichneten Linie auseinanderschneiden, auffalten und die Nahtzugaben jeweils in das Dreieck **B** bügeln. Überstehende Dreiecke der Nahtzugaben bündig mit den Außenkanten abschneiden. Es entstehen 48 Dreiecks-Quadrate.

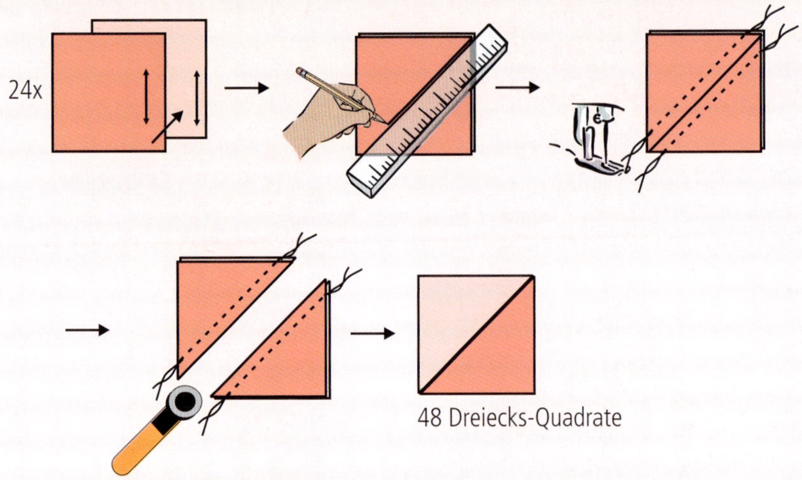


## Zusammensetzen eines Neuner-Blocks

Beim Zusammensetzen des Neuner-Blockes die Abbildung beachten. Die Pfeile geben den Fadenlauf der jeweiligen Quadrate an. Für Reihe 1 zunächst 2 Quadrate in **A** und 1 Dreiecks-Quadrat nebeneinander zusammennähen. Danach für Reihe 2 je 1 Quadrat in **A**, **C** sowie **B** und für Reihe 3 ein Dreiecks-Quadrat und 2 Quadrate in **B** ebenso zusammennähen.

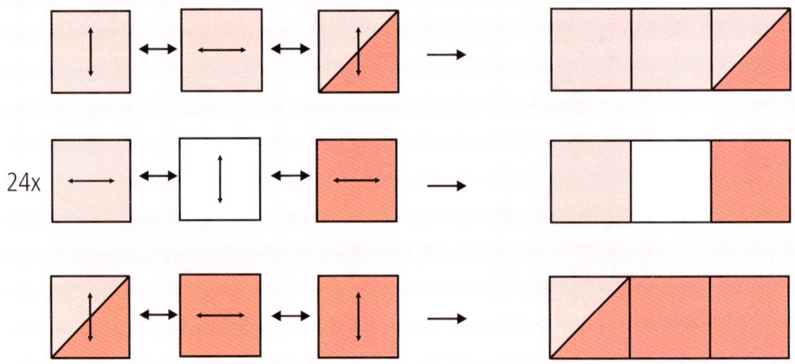


Anschließend diese 3 Reihen untereinander zum gesamten Neuner-Block zusammennähen. Insgesamt 24 Neuner-Blöcke arbeiten.

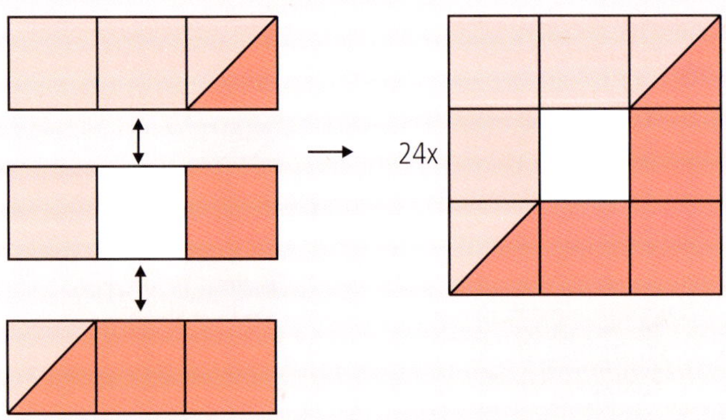


## Zusammensetzen der Patchworkflächen

Für die Vorderseite zunächst 3x je 4 Neuner-Blöcke zu 3 Reihen zusammennähen. Die Anordnung der Blöcke der Abbildung entnehmen. Dann die 3 Reihen untereinander zur gesamten Vorderseite zusammensetzen.

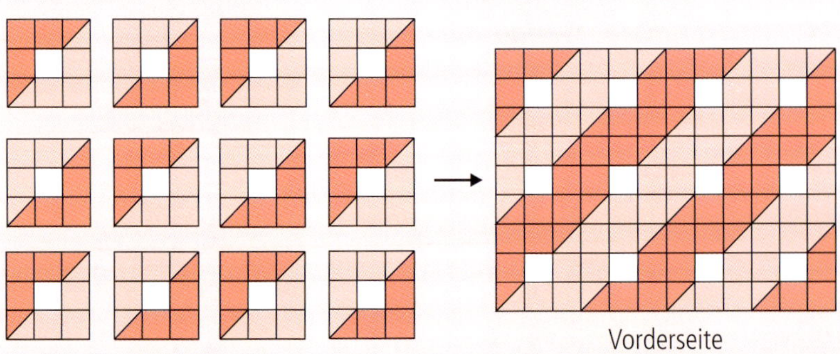

Vorderseite

Die Patchworkfläche für die Rückseite mit 12 weiteren Blöcken gespiegelt arbeiten.

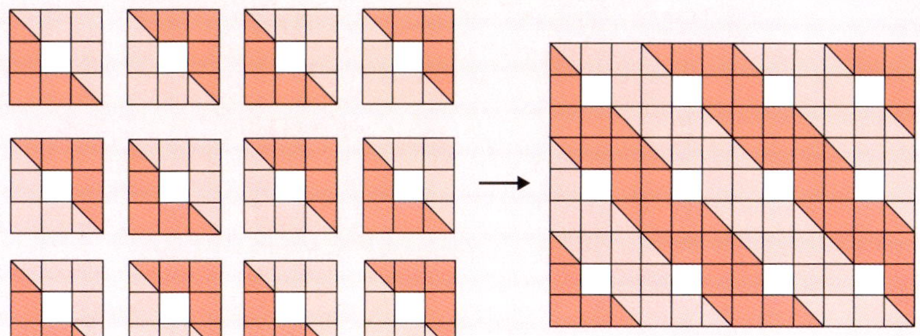

Rückseite

## Quilten

Die Patchworkflächen mit der Vlieseline H200 verstärken. Die Streifen in B jeweils mit Schlangenlinien aus Metallic-Garn in Freihand-Maschinenstichtechnik oder einem Quiltstich der Nähmaschine quilten, siehe Grundkurs auf Seite 12.

## Fertigstellung

Die Patchworkflächen mit Volumenvlies unterbügeln. Dann die **Vorder-** bzw. **Rückseite** lt. Schnittteil je 1x ausschneiden. Alle Außenkanten mit schmalen Zickzackstichen oder einer Overlock-Nähmaschine versäubern. Rocailles-, Pailletten- oder Glasperlen lt. Foto bzw. lt. Abbildung aufnähen. **Vorder-** und **Rückseite** der Außentasche rechts auf rechts aufeinanderlegen und ab Schnittmarkierung zusammennähen. Die Nahtzugaben an den Rundungen mehrmals bis knapp vor die Stepplinie einschneiden. Außentasche wenden. Das Rechteck für die **aufgesetzte Futtertasche** an den Schmalseiten rechts auf rechts aufeinanderlegen und zusammennähen. Die Futtertasche wenden, Öffnung schließen und die Futtertasche lt. Schnitt auf die Futtervorderseite nähen. Das **Futter** wie bei der Außentasche beschrieben zusammennähen, dabei an der Bodennaht ein Stück zum späteren Wenden offen lassen. Die Futtertasche rechts auf rechts über die Außentasche stülpen, beide Teile an den oberen Rändern der Vorder- bzw. Rückseite jeweils bis zur Seitennaht kantenbündig aufeinanderstecken und zusammennähen. Die Nahtzugaben an den Rundungen mehrmals bis knapp vor die Stepplinie einschneiden. Die Tasche durch die Öffnung im Futter wenden und die Öffnung von Hand schließen. Die oberen Ränder der Vorder- bzw. Rückseite knappkantig absteppen. Taschenverschluss öffnen, die oberen Taschenränder beidseitig einschieben und von Hand annähen. Die Kette für den Taschengriff einhängen.

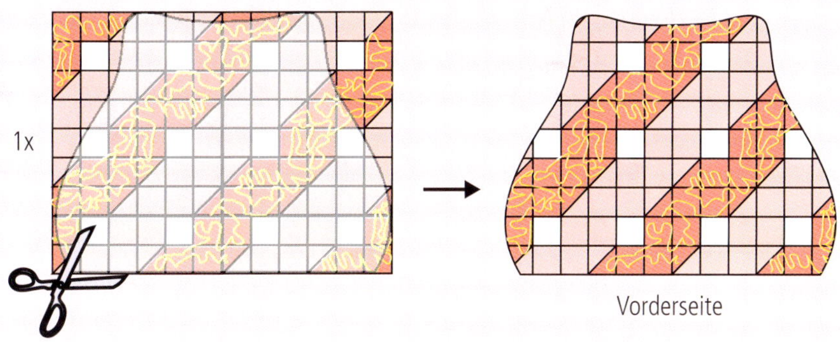


Vorderseite

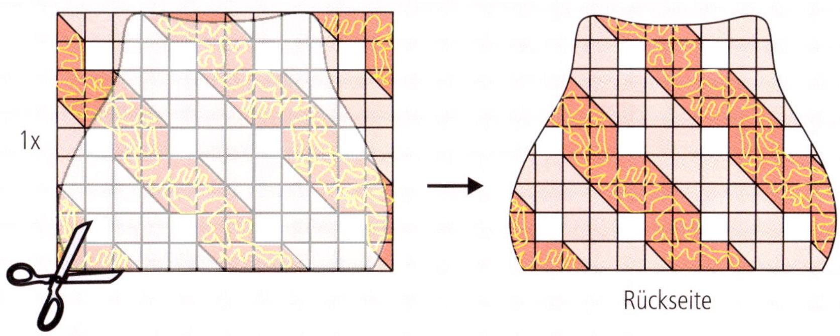


Rückseite

**Bitte alle Vorlagen auf 200% vergrößern!**

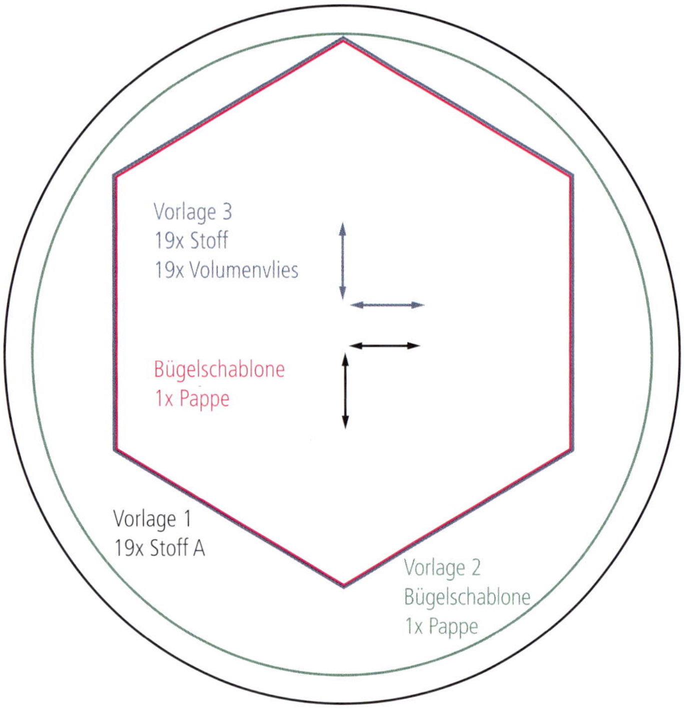


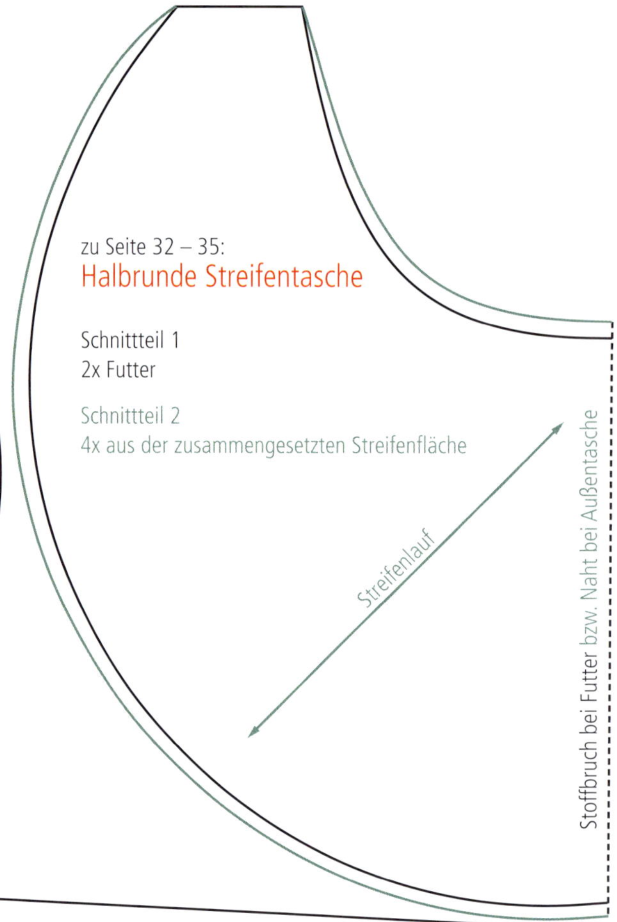


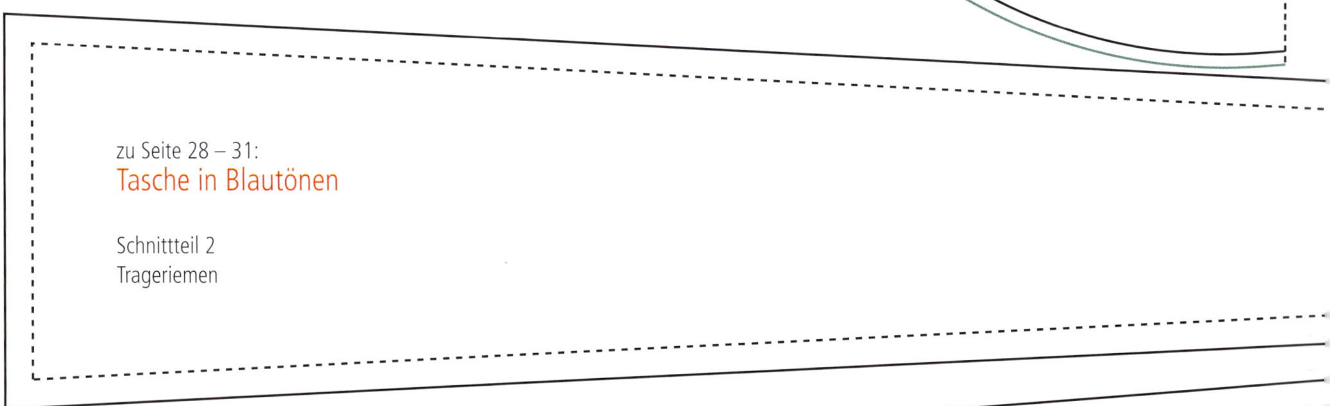


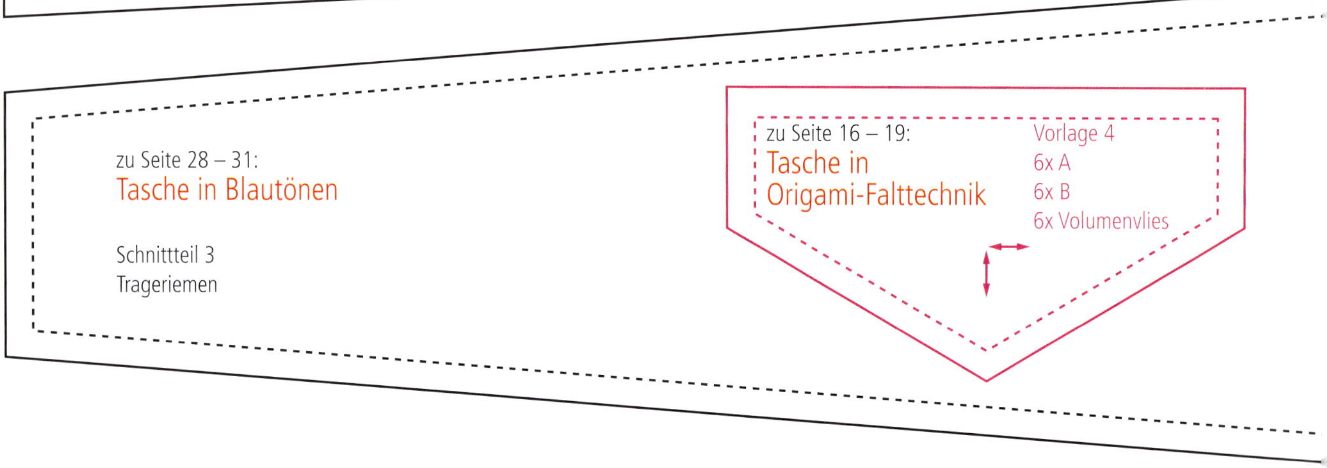

**Bitte alle Vorlagen auf 200% vergrößern!**

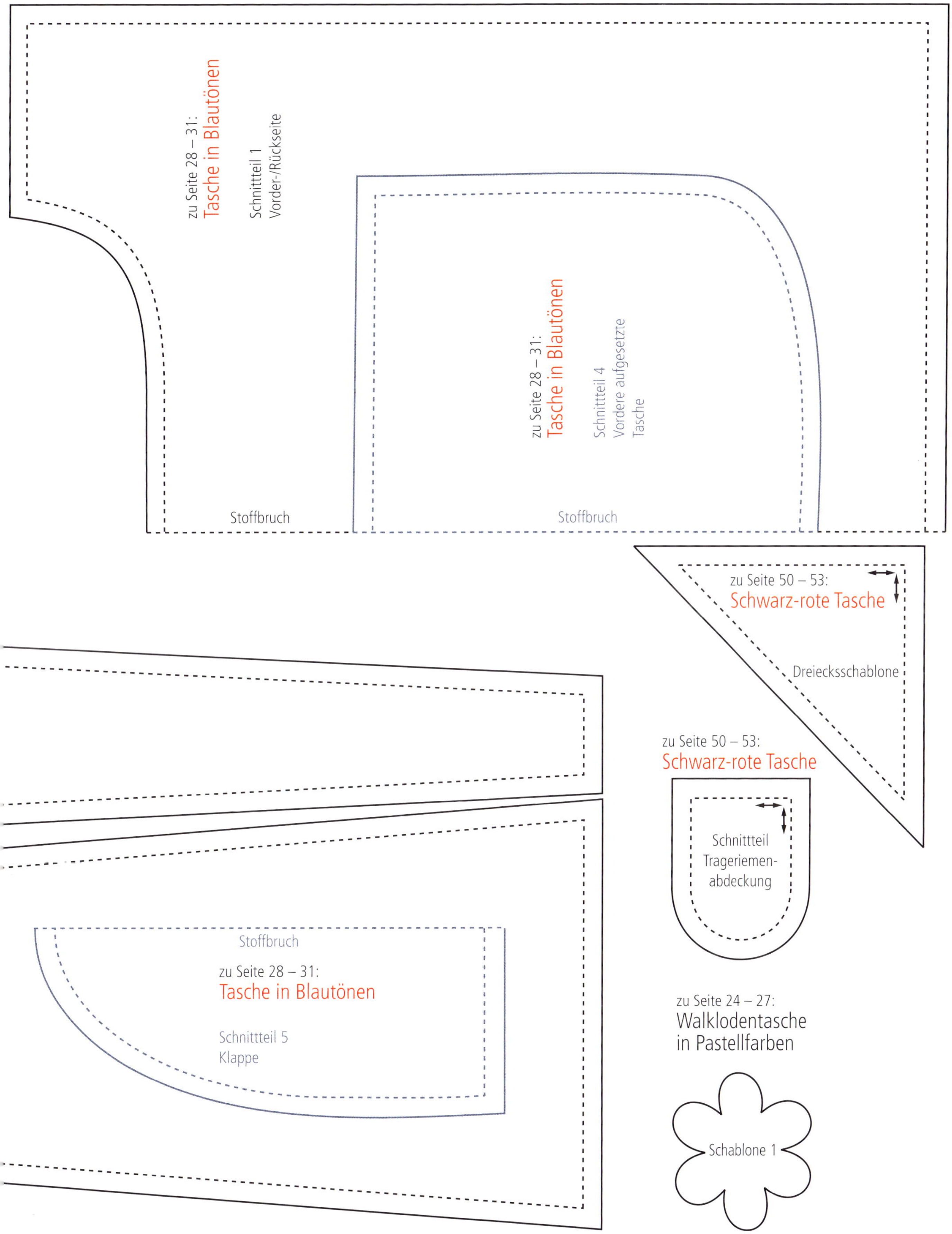

**Bitte alle Vorlagen auf 200% vergrößern!**

Vorlagen 1 – 6 zu Seite 48 – 49:

## Rosentasche aus Längsstreifen

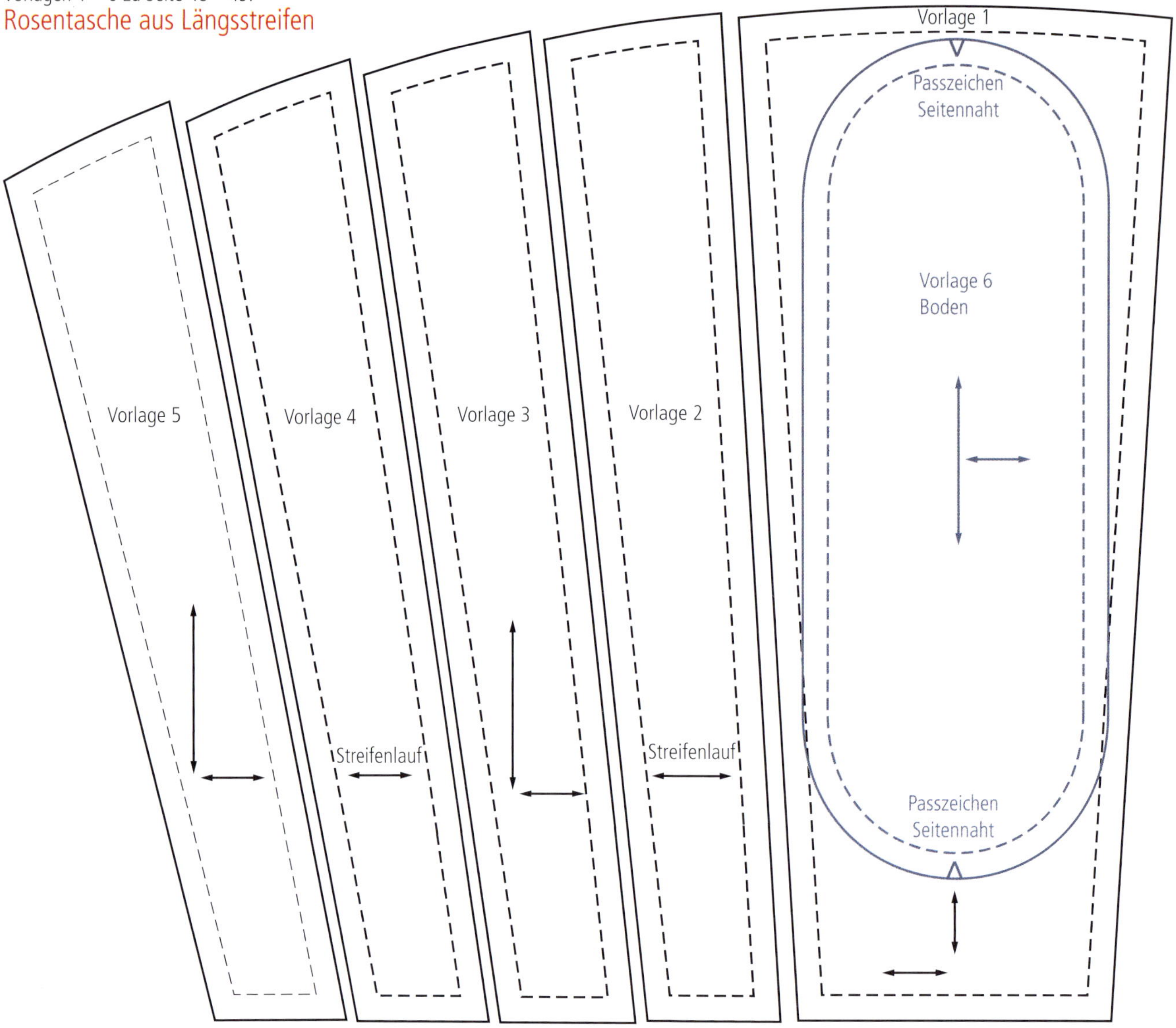

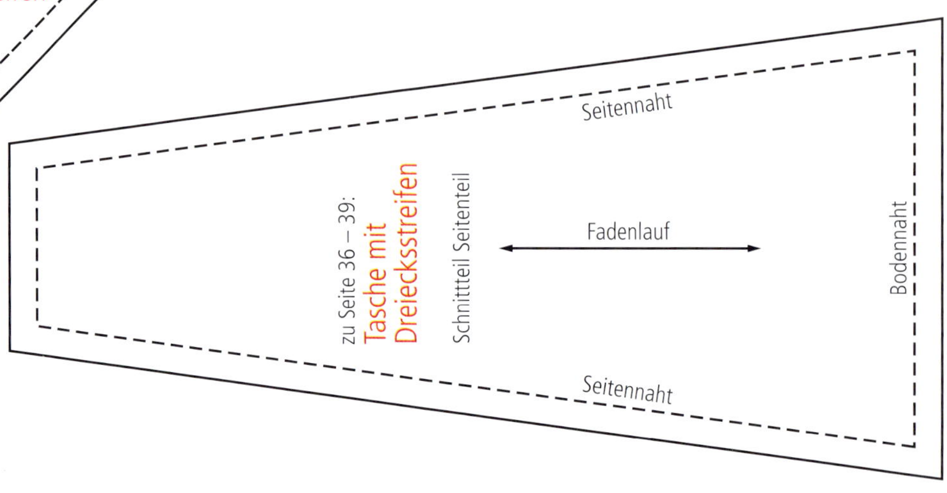

**Bitte alle Vorlagen auf 200% vergrößern!**

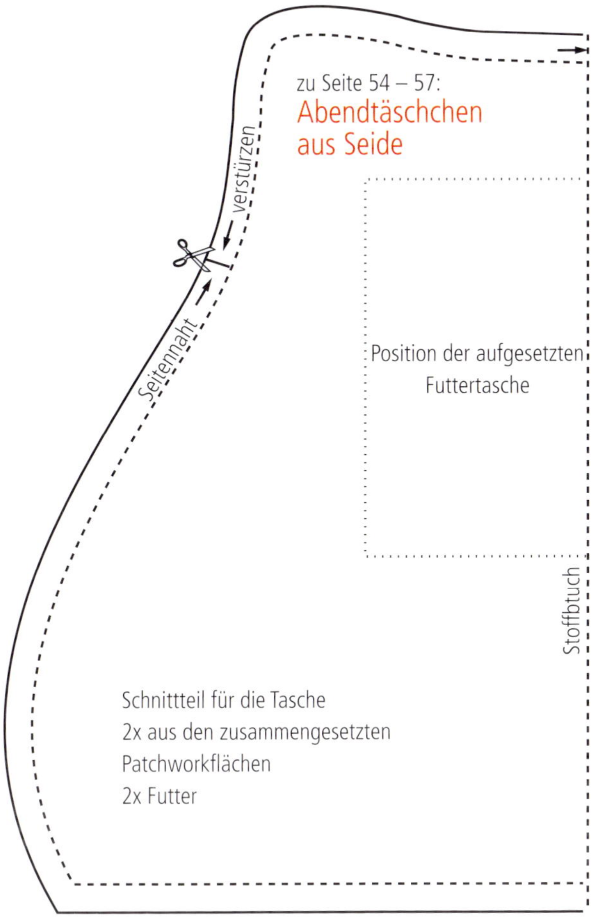


zu Seite 40 – 43:

## Tasche aus Log-Cabin Blöcken

Vorlage für den Patchworkblock (spiegelverkehrt)

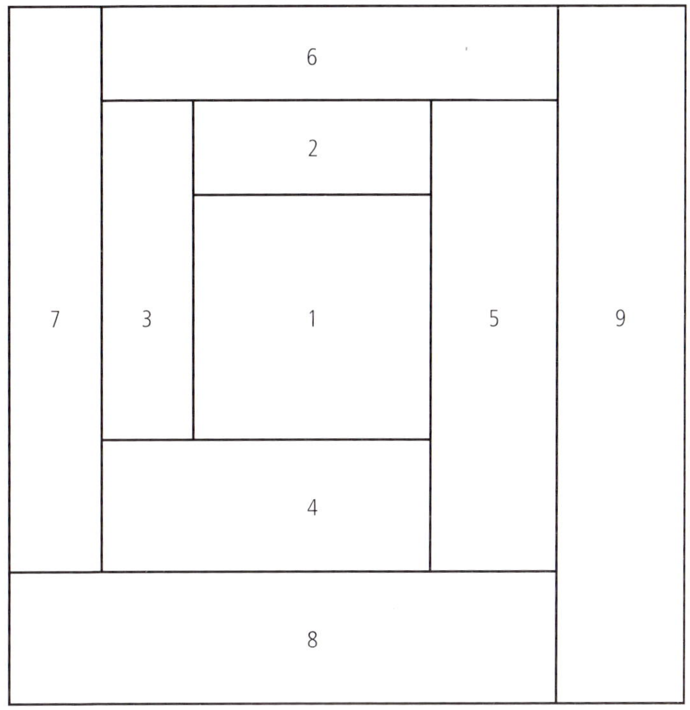


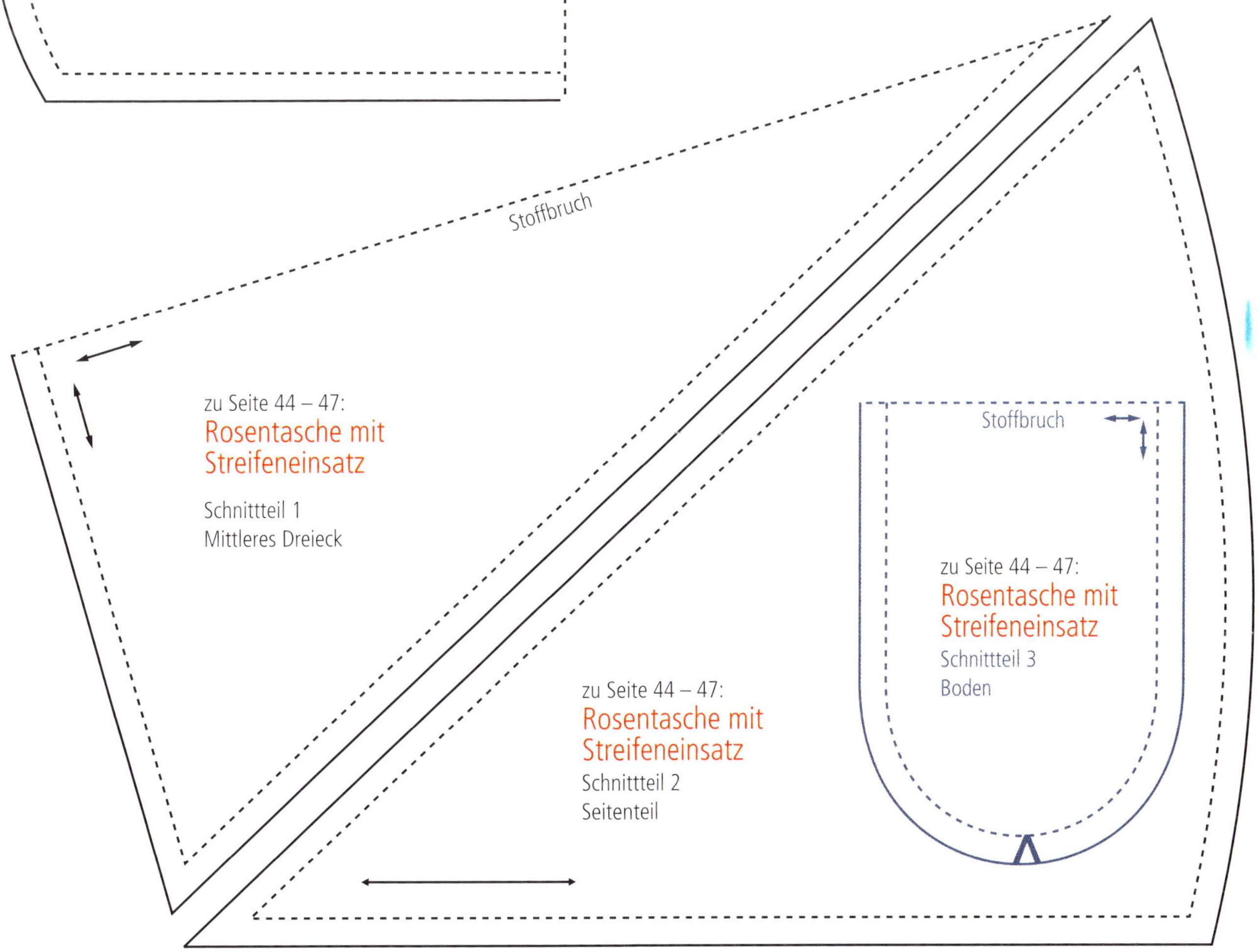

# Impressum

**Herausgeberin, Konzeption, Text und Bearbeitung:**
Regina Bühler

**Anleitungen und Zeichnungen:**
Gabriela Reuß

**Redaktion:**
Regina Bühler, Anke Sturm

**Fachlektorin:**
Annie Foerster

**Idee und Realisation:**
Christa Antons: Seite 17
Klara Blinzig-Gajewski: Seite 33
Gisela Bosselmann: Seite 55
Hiltrud Heß: Seite 51
Gunhild Müller: Seite 45, 49
Doris Hüdig & Babette Schwaiger: Seite 21, 29, 41
Britta Riedmann: Seite 25
Christina Wiesel: Seite 37

**Fotografie:**
Alle Fotos Uzwei Fotodesign
Uwe Bick: Seite 25, 33, 37, 45, 49, 55;
Uli Glasemann: Seite 21, 29, 41, 51;
Artur Müller: Seite 17

**Styling:**
Karin Schlag: Seite 17, 25, 33, 37, 45, 49, 51, 55;
Elke Reith: Seite 21, 29, 41

**Layout und Produktion:**
buchkonzept@web.de

**Druck und Bindung:**
Euro Grafica, Italien

ISBN 978-3-89858-883-6
Art.-Nr. 883





# Hersteller

**Stoffe:**
**Frowein**, Wuppertal, www.kurt-frowein.de: Seite 25, 55
**Westfalenstoffe AG**, Münster, www.westfalenstoffe.de: Seite 33
über **Bornstein**, Immenstadt i. Allgäu, www.bornstein-stoffe.com: Seite 51

**Zubehör:**
**Knöpfe:**
**Union Knopf GmbH**, Bielefeld, www.unionknopf.com

**Reißverschlüsse:**
**Opti**, für Deutschland über **Coats GmbH**, Kenzingen, für die Schweiz über **Coats Stroppel AG**, Turgi, für Österreich **Coats Harlander Ges.m.b.H**, Wien, www.coatsgmbh.de

**Nähgarne, Sticktwist, Sprühzeitkleber, Soluvlies:**
**Madeira**, Freiburg, www.madeira.de

**Nähmaschinen:**
Bernina: www.bernina.com,
Husqvarna Viking und Pfaff: www.pfaff.com,
Janome, www.janome.com

**Sonstiges Zubehör:**
Schablonenfolie, Trick-Marker, Rollschneider mit Schneidematte + Lineale, Scheren, Nähnadeln, Karabinerhaken, Magnetknöpfe, Kordelstopper, Taschengriffe Seite 17, 33, Paillettenborte Seite 51: **Prym Consumer GmbH**, Stolberg, www.prym-consumer.com

**Alle Vliesstoffe:**
**Freudenberg Vliesstoffe KG**, Heidelberg, www.vlieseline.de

**Perlen und Pailletten:**
**Gütermann**, für Deutschland: **Gütermann AG**, Gutach-Breisgau, für Schweiz: **Gütermann & Co AG**, Zürich, für Österreich: **Gütermann Ges.mbH**, Wien, www.guetermann.com

**Aufnähsteine:**
**Pracht-Creatives Hobby**, zu beziehen über den Bastelfachhandel

**Das Material für die Modelle können Sie wie folgt bestellen:**
Seite 21, 29, 41: Doris Hüdig & Babette Schwaiger, GbR, **Homepatchwork**, Limburgerstr. 27, 65510 Idstein, E-mail: info@homepatchwork.de, Internet: www.homepatchwork.de
Seite 25: **Quilt-Corner**, Britta Riedmann, Karlstr. 162, 76135 Karlsruhe, Internet: www.quilt-Corner.de
Seite 37: **Kreatives Stübchen**, Inh. Christina Wiesel, Franz-Kleine-Str. 1, 33154 Salzkotten, www.kreatives-stuebchen.de.vu
Seite 45, 49: **Malen und Quilten**, Gunhild Müller, Amtstraße 13, 38448 Wolfsburg-Vorsfelde, E-mail: claus-mueller@gmx.de

**Accessoires von:**
**Car Selbstbaumöbel**, Henstedt- Ulzburg (Hocker Seite 17, Stuhl Seite 37, Möbel Seite 51);
**IHR**, Essen (Taschentücher Seite 33, Dosen Seite 51),
**Impressionen Versand**, Wedel (Radio Seite 33, braunes Kissen Seite 45)
**IKEA – Deutschland**, Hofheim-Wallau (Stoff Seite 17, Kissen Seite 37, Tisch Seite 59)
**Sia**, www.sia-homefashion.com (Tablett Seite 17, Stuhl, Becher und Rahmen Seite 25)